墨香财经学术文库
"十二五"辽宁省重点图书出版规划项目
国家自然科学基金项目（71802043）
东北财经大学出版基金项目（zzzz20210111）

Research on the Effect of Exit Threat of Outside Blockholders on Corporate Governance

Theoretical Exploration and Practical Application

陈克兢 ◎ 著

外部大股东退出威胁的公司治理效应研究

理论探索与实践应用

东北财经大学出版社
Dongbei University of Finance & Economics Press
大连

图书在版编目（CIP）数据

外部大股东退出威胁的公司治理效应研究：理论探索与实践应用 / 陈克兢著. —大连：东北财经大学出版社，2022.5
（墨香财经学术文库）
ISBN 978-7-5654-4500-2

Ⅰ. 外…　Ⅱ. 陈…　Ⅲ. 上市公司-股东-企业管理-研究-中国　Ⅳ. F279.246

中国版本图书馆CIP数据核字（2022）第054124号

东北财经大学出版社出版发行
大连市黑石礁尖山街217号　邮政编码　116025
网　　址：http://www.dufep.cn
读者信箱：dufep @ dufe.edu.cn
大连永盛印业有限公司印刷

幅面尺寸：170mm×240mm　字数：162千字　印张：11.25　插页：1
2022年5月第1版　　2022年5月第1次印刷
责任编辑：李　彬　龚小晖　　责任校对：李　彬
封面设计：冀贵收　　版式设计：钟福建
定价：45.00元

前言

传统经济理论都是建立在“经济人”的基础上，随着心理学、行为经济学和行为金融学的兴起，人们对传统经济理论无法解释的异象有了不同的认识。退出威胁是近期国际财务和会计学界兴起的一个前沿性研究领域，研究表明可置信的退出威胁可以缓解股东与管理层之间的代理问题。芝加哥学派的“股东积极主义”认为，大股东积极参与公司治理可以确保市场经济的有效运行。虽然大股东有动机参与公司治理，但是这不意味着所有大股东都有相同的目标。退出威胁治理效应的理论是基于第一类代理问题提出的，能否移植到第二类代理问题的研究框架中还不得而知。在中国这样的新兴资本市场中，控股股东侵占其他股东利益的现象较为严重。控股股东不但没有发挥治理作用，反倒是攫取控制权私利。相对于中小股东而言，非控股大股东由于持股较多并具备较强的专业技能，更有动机和能力参与公司治理。当“用手投票”无效时，外部大股东会采取其他措施来维护自身利益。在“用脚投票”之前外部大股东往往会先释放“退出威胁”，作为与控股股东进行“讨价还价”的筹码。因此，有必要在中国这样第二类代理问题的框架下探讨退出威胁的公司治理作用。

本书主要由 8 个章节构成，具体各章节的内容安排如下：第 1 章主要介绍了研究背景、意义，论述了本书主要的研究内容，并描绘了本书的技术路线图；第 2 章从股权分置改革和混合所有制改革两个事件入手，阐述了影响中国外部大股东的制度背景，并分析了上市公司股权特征和外部大股东特征；第 3 章主要构建了企业投资决策理论模型，探讨了外部大股东退出威胁影响企业投资的作用机理；第 4 章主要分析了外部大股东退出威胁对企业创新的影响机理，对不同类型外部大股东退出威胁治理效应的差异进行了分析；第 5 章主要验证了外部大股东退出威胁影响财务报告质量存在的“治理假说”和“合谋假说”；第 6 章主要检验了外部大股东退出威胁对企业高管在职消费的治理作用；第 7 章主要基于双重委托代理问题探讨了外部大股东退出威胁对企业代理成本的作用机理；第 8 章主要总结了本书的主要研究结论和创新点，并对未来研究进行了展望。

第一，从社会心理学视角出发，将退出威胁纳入到公司治理研究框架中，检验外部大股东退出威胁的公司治理效应，揭示退出威胁发挥公司治理效应的内在机理。本书将退出威胁理论延伸至公司治理领域，拓展芝加哥学派的“股东积极主义”的理论文献，为近期国际学术界退出威胁与公司财务关系的热点研究提供新证据。现有退出威胁文献更多关注的是退出威胁对企业决策或行为的影响，而对退出威胁发挥治理效应的潜在机制关注不足。本书重点考察外部大股东退出威胁发挥公司治理效应的内在机理，厘清退出威胁影响公司治理、财务决策的渠道，为退出威胁影响企业微观行为提供来自新兴资本市场国家的经验证据。

第二，揭示股权分置改革、融资融券制度和大股东减持新规等股票流动性外生政策对退出威胁治理效应的调节作用，为发展“本土化”的退出威胁理论提供契机。立足于中国特殊的制度背景，借助股权分置改革、融资融券和大股东减持新规等难得的准自然实验，考察股票流动性外生冲击对退出威胁公司治理效应的调节作用，丰富“本土化”的退出威胁理论研究体系。

第三，研究结论正面回答了 Edmans（2014）关于大股东是否能影响公司价值的疑问。Edmans（2014）指出，虽然大股东在公司治理中发挥了一定的作用，但是现有的文献并未能提供大股东影响公司价值的可靠证据。本书研究发现外部大股东退出威胁可以促进企业的研发投入和产生，揭示了资本市场压力传导到实体经济的路径，从侧面验证了外部大股东对公司价值产生的积极作用，对解答Edmans（2014）的疑问有着重要的意义。

本书获得了国家自然科学基金项目（71802043）、东北财经大学出版基金项目（zzzz20210111）的资助，在此表示感谢！

作　者

2022年4月

目录

第1章 导论

1.1 研究背景

芝加哥学派奉行“股东积极主义”，认为大股东积极参与公司治理可以确保市场经济的有效运行（Brav等，2008；Bebchuk等，2015）。大股东如何发挥治理作用一直是公司治理领域的研究重点，大量文献从监督机制出发探讨大股东的公司治理效应，也有部分文献认为退出机制同样可以发挥治理作用，大股东退出行为向市场传递公司价值低的信号，导致股票价格的下跌，进而通过影响管理者的财富来实现公司治理的作用。

大股东退出威胁的公司治理效应是近期国际财务和会计学界兴起的一个前沿性研究领域，Hope等（2017）、Edmans和Holderness（2017）发现可置信的退出威胁可以缓解股东与管理层之间的代理问题。在社会心理学中，威胁是谈判中惯用的伎俩，可以改变人对事情的认识，通过施加压力来迫使对方做出让步（Deutsch和Krauss，1962）。退出威胁会改变企业决策主体的认知，进而通过影响管理决策来实现公司治理。在重庆啤酒（600132）“乙肝疫苗”事件中，大成基金的维权行为诠释了外部大股东实现公司治理的路径。2011年12月12日，大成基金要求重庆啤酒完善乙肝疫苗研制进展的信息披露，但随之遭到重庆啤酒的拒绝。出于对公司现状的不满，大成基金于21日以持股超过10%流通股股东的身份提出“罢免重庆啤酒董事长黄明贵”的议案，并向重庆啤酒隔空喊话“不换董事长，我们就退出”，通过退出威胁来向企业施压。然而在2012年2月8日，股东大会否决了免除黄明贵先生董事长职务的议案，大成基金随之抛售持有的全部股票，引发重庆啤酒股价迅速下挫。由此可见，在实践中外部大股东会通过“监督→退出威胁→退出”这样的流程来实现公司治理。当无法通过“监督”途径来维护利益诉求时，外部大股东会采用退出威胁的方式来“讨价还价”。由于这些私下协商的内容涉及重大交易信息甚至内幕信息，所以一般并不会对外披露，外界也就无法获取相关信息，这导致学术界忽视了外部大股东退出威胁的治理作用。

退出威胁治理效应的理论是基于第一类代理问题提出的，能否移植到第二类代理问题的研究框架中还不得而知。在股权分散的国家里，代理问题更多的表现为股东与管理层之间的代理冲突。退出威胁治理效应的文献已经发现，大股东通过退出威胁来约束管理层的机会主义行为（Hope等，2017；Edmans和Holderness，2017）。但在股权集中的国家里，代理问题则表现为控股股东与其他股东之间的矛盾，控股股东侵占其他股东利益的事件屡见不鲜（Djankov等，2008）。控股股东不但没有发挥治理作用，反倒是攫取控制权私利。相对于中小股东而言，外部大股东由于持股较多并具备较强的专业技能，更有动机和能力参与公司治理。当“用手投票”无效时，外部大股东会采取其他措施来维护自身利益。在“用脚投票”之前外部大股东往往会先释放“退出威胁”，作为与控股股东进行“讨价还价”的筹码。因此，有必要在第二类代理问题的框架下探讨退出威胁的公司治理作用。

1.2 研究意义

本书尝试从外部大股东的视角探讨退出威胁的公司治理效应，考察了退出威胁对企业代理问题的影响机理，主要的理论意义和现实意义可以概括如下：

（1）从社会心理学视角出发，将退出威胁纳入到公司治理研究框架中，检验外部大股东退出威胁的公司治理效应，揭示退出威胁发挥公司治理效应的内在机理。Bharath等（2013）、姜付秀等（2015）、Dou等（2016）和Hope等（2017）探讨了退出威胁对公司价值、超额市场收益和控制权私利的影响。本书将外部大股东退出威胁理论延伸至公司治理领域，拓展芝加哥学派的“股东积极主义”的理论文献，为近期国际学术界退出威胁与公司财务关系的热点研究提供新证据。现有退出威胁文献更多关注的是退出威胁对企业决策或行为的影响，而对退出威胁发挥治理效应的潜在机制关注不足。本书重点考察退出威胁发挥公司治理效应的内在机理，厘清退出威胁影响公司治理、财务决策的渠道，为退出威胁影响企业微观行为提供来自新兴资本市场国家的经验证据。

（2）揭示股权分置改革、融资融券制度和大股东减持新规等股票流动性外生政策对退出威胁治理效应的调节作用，为发展“本土化”的退出威胁理论提供契机。立足于我国特殊的制度背景，借助股权分置改革、融资融券和大股东减持新规等难得的准自然实验，考察股票流动性外生冲击对退出威胁公司治理效应的调节作用，丰富“本土化”的退出威胁理论研究体系。

（3）本书的研究结论正面回答了Edmans（2014）关于大股东是否能影响公司价值的疑问。Edmans（2014）指出，虽然大股东在公司治理中发挥了一定的作用，但是现有的文献并未能提供大股东影响公司价值的可靠证据。本书研究发现外部大股东退出威胁可以促进企业的研发投入，揭示了资本市场压力传导到实体经济的路径，从侧面验证了外部大股东对公司价值产生的积极作用，对解答Edmans（2014）的疑问有着重要的意义。

（4）为完善治理结构和促进资本市场发展提供新的思路，也为监管部门和企业管理当局制定政策提供理论支撑和经验证据，具有较强的实践指导价值。

1.3 研究内容

本书由8章构成，具体各章节的内容安排如下：

第1章，导论。本章主要介绍了研究背景和研究意义，介绍了本书主要的研究内容，并描绘了本书的技术路线图。

第2章，中国外部大股东治理实践研究。本章从股权分置改革和混合所有制改革两个事件入手，分析了影响外部大股东的制度背景，进一步分析了股权的性质特征和股权集中度特征，绘制了上市公司股权性质情况图和我国上市公司第一大股东持股情况图。最后分析了外部大股东的时间趋势特征和行业分布特征。

第3章，外部大股东退出威胁与企业投资。首先，为了更好地分析外部大股东退出威胁对企业投资决策的影响机理，本章在借鉴前人研究的基础上构建了企业投资决策理论模型。其次，通过梳理本书研究的支撑理论，对外部大股东退出威胁如何影响企业投资效率提出研究假设。最后，在研究假设的基础上进行实证分析，包括描述性统计、单因素分析和回归结果分析，并对回归结果进行内生性测试和稳健性检验，进一步进行了作用机制分析和基于外部大股东异质性特征的探索性分析。

第4章，外部大股东退出威胁与企业创新。本章通过对企业创新的影响因素研究以及大股东治理效应研究的梳理，提出外部大股东退出威胁可以有效地促进企业创新的研究假设。然后进行变量定义和模型设计，通过实证检验提出的假设，包括描述性统计、单因素分析和多元回归分析，并对回归结果进行内生性测试和稳健性检验，最后进行了不同类型外部大股东退出威胁治理效应的差异分析和作用机理分析。

第5章，外部大股东退出威胁与企业财务报告质量。本章在总结前人研究成果的基础上，结合新兴资本市场的特殊情况，提出了外部大股东退出威胁可以有效约束企业的盈余管理行为和外部大股东通过退出威胁可以诱发企业的盈余管理行为两个竞争性假说。通过实证检验，得出退出威胁能够发挥企业盈余管理治理作用的结论，验证了退出威胁“治理假说”。退出威胁发挥盈余管理治理作用的原因在于控股股东、管理层对股价较为敏感，即当企业为卖空标的、财富股价敏感性较高或者企业重视市值管理时，退出威胁的盈余管理治理效应更为显著。

第6章，外部大股东退出威胁与企业高管在职消费。通过梳理本书研究的支撑理论，对外部大股东退出威胁如何影响高管在职消费提出研究假设。本章通过实证检验了外部大股东退出威胁对管理层在职消费行为的影响。研究发现：第一，外部大股东的退出威胁会抑制管理层企业超额在职消费的增加。该结论在控制内生性问题之后依然稳健。第二，在信息环境薄弱、公司治理环境差的企业中，外部大股东对管理层超额在职消费行为的抑制更显著。

第7章，外部大股东退出威胁与企业代理成本。本章基于双重委托代理问题探讨了外部大股东退出威胁对代理成本的作用机理。实证检验结果表明：外部大股东退出威胁可以有效地降低企业的代理成本。在管理层或控股股东持股市值越高、控股股东有股权质押、控股股东质押股票的市值越高的企业，退出威胁对企业代理成本的约束作用越强。同时本章也探究了在是否完成股权分置改革、股价崩盘风险高低不同、股市行情好坏不同三种情境下，外部大股东退出威胁对代理成本影响的差异。

第8章，结论与展望。本章根据实证结果，总结了本书的主要研究结论，并据此提出政策建议，深入探讨了未来本研究领域可能存在的研究局限以及突破点。

本书在回顾经典理论和梳理相关文献的基础上，结合目前的研究动态，针对外部大股东退出威胁与企业投资、外部大股东退出威胁与企业创新、外部大股东退出威胁与企业财务报告质量、外部大股东退出威胁与企业高管在职消费、外部大股东退出威胁与企业代理成本五大研究内容进行理论分析，提出研究假设，设计相关模型并进行变量定义，通过实证分析得出研究结论，最后根据结论提出政策建议。图1-1为本书的技术路线图。

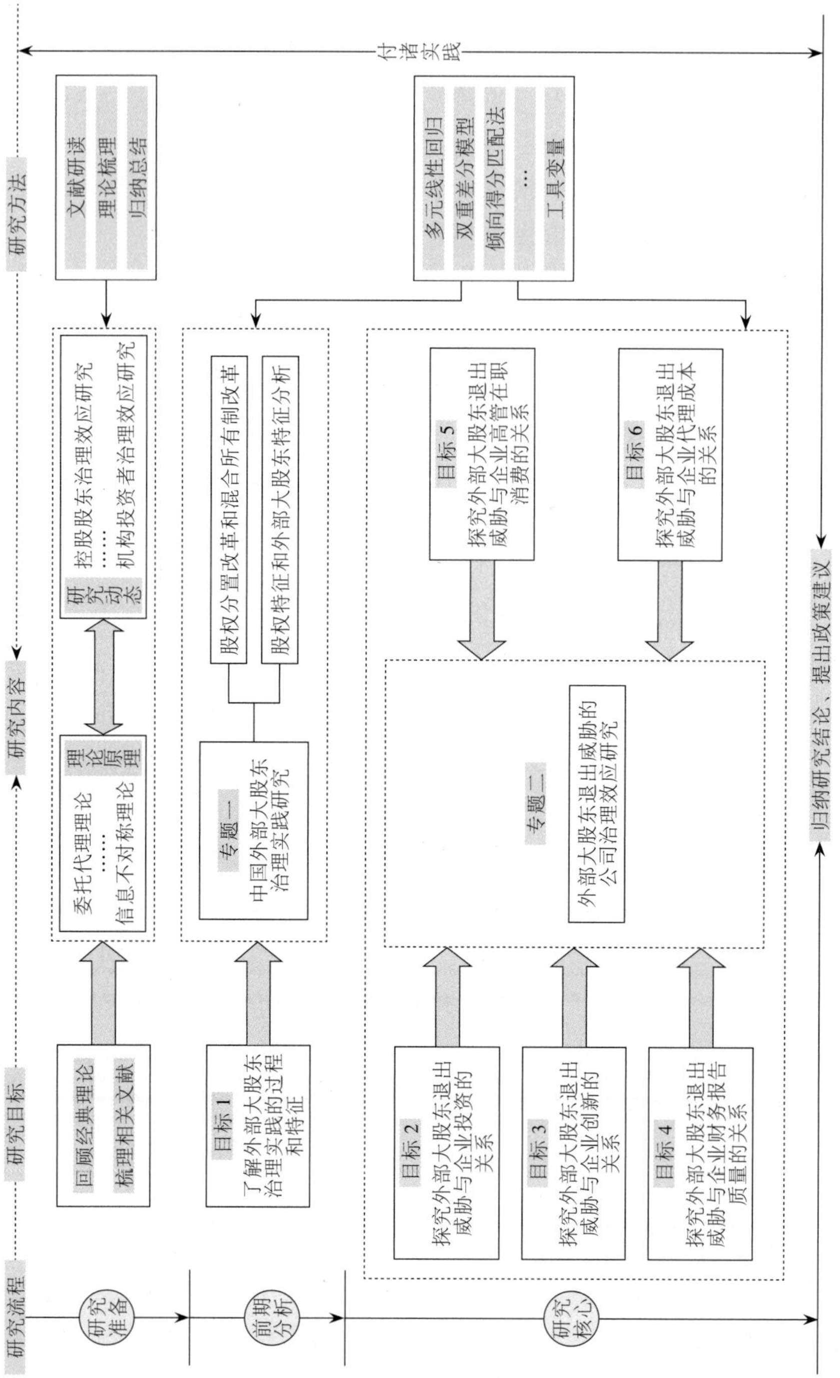
研究流程
研究准备
前期分析
研究核心
研究目标
研究内容
研究方法
付诸实践
回顾经典理论
梳理相关文献
委托代理理论
……
信息不对称理论
理论原理
研究动态
控股股东治理效应研究
……
机构投资者治理效应研究
文献研读
理论梳理
归纳总结
目标1
了解外部大股东治理实践的过程和特征
专题一
中国外部大股东治理实践研究
股权分置改革和混合所有制改革
股权特征和外部大股东特征分析
多元线性回归
双重差分模型
倾向得分匹配法
…
工具变量
目标2
探究外部大股东退出威胁与企业投资的关系
目标3
探究外部大股东退出威胁与企业创新的关系
目标4
探究外部大股东退出威胁与企业财务报告质量的关系
目标5
探究外部大股东退出威胁与企业高管在职消费的关系
目标6
探究外部大股东退出威胁与企业代理成本的关系
专题二
外部大股东退出威胁的公司治理效应研究
归纳研究结论、提出政策建议

图1-1 技术路线图

第2章 中国外部大股东治理实践研究

2.1 制度背景

2.1.1 股权分置改革

股权分置又被称为股权分裂，是指上市公司的股份一部分上市流通，而另一部分暂不上市流通的现象。上市流通的流通股主要由社会公众持有；不上市流通的非流通股大多为国有企业和法人持有。流通股和非流通股的持有成本存在很大差异，这将产生投资者同股但不同权、同股但不同利的问题。这项制度安排不仅容易导致控股股东和中小股东之间的利益冲突，不利于公众投资者权益的维护，同时也会引起我国股市估值的水平和国际市场严重脱轨的问题，降低资本市场配置资源的效率，不利于我国股市的发展。

我国的股权分置问题由来已久。改革开放时期，我国在由计划经济逐步向社会主义市场经济过渡的过程中，逐渐形成了这一特殊问题。为了在推行现代企业制度的同时保证国有经济的控股权，我国采取了增量发行股票的方式。这一做法使原有股票不能上市流通，成为非流通股，在事实上形成了流通股和非流通股并存的独特格局，最终导致我国股市中存在2/3的非流通股这一局面。随着我国证券市场的日益发展，股权分置不能适应资本市场改革开放和稳定发展的弊端也日益凸显，股权分置问题也成为中国证券市场中十分棘手的老大难问题。通过改革来消除非流通股和流通股的流通制度差异实属众望所归。解决我国股权分置这一历史遗留问题，促进我国证券市场的完善已经刻不容缓。

为了促进资本市场的稳定和发展，切实保护公众投资者的合法权益，我国的股权分置改革应运而生。股权分置改革是指通过改革的手段使非流通股可以上市交易，消除A股市场股份转让的制度性差异，进而实现非流通股股东和流通股股东之间的利益平衡。持有流通股的股东和持有非流通股的股东在事前进行协商是股权分置改革的一个重要特点。在协商的基础上，二者达成一个以现金、权证（通常是额外的股票）和资产等作为对象的补偿方案（Li等，2011）。由于股权分置问题的长期存在，我国的股权分置改革也经历了漫长的历程。

2004年1月31日，国务院发布《国务院关于推进资本市场改革开放和稳定发展的若干意见》，明确提出“积极稳妥解决股权分置问题”。作为推进资本市场改革开放和稳定发展的一项制度性变革，解决股权分置问题正式被提上日程。证监会于2005年4月29日发布的《关于上市公司股权分置改革试点有关问题的通知》标志着股权分置改革的试点正式拉开帷幕。2005年4月和6月，分别有4家和42家上市公司开展了试点工作。在两批试点取得一定成效后，股权分置改革于2005年9月4日全面铺开。截至2007年年底，几乎全部公司都顺应改革的潮流，着手了股权分置的计划。可见我国股权分置改革进展的迅速。股权分置改革后，非流通股在变为流通股之前的这一时期被称为“限售股”。

当然，在股权分置改革的过程中无疑会遇到各种各样的问题，会有各种不同的意见和观点。在改革的试点之初这一局面就在意料之内。这就需要各个市场参与方齐心协力、统一思想、共同朝着促使改革成功这一目标前进，为股权分置问题的解决创造有利的环境氛围。幸运的是，我国的各方市场参与者均以大局为重，心往一处想，劲往一处使，为促进股权分置改革的顺利进行以及我国证券市场的健康发展打下了良好基础，这也将有利于改革的进一步深化。

随着改革的深入，我国资本市场存在已久的股权分置问题也在一定程度上得到了解决。可以说，股权分置改革对我国资本市场具有划时代的意义：首先，这一改革促进了我国证券市场制度的发展和上市公司治理结构的完善。流通股和非流通股股东之间的冲突在很大程度上得到了缓解。其次，我国的股权分置改革将保护投资者，特别是公众投资者合法权益作为基本原则，这极大地提高了改革成功的概率，有助于促进改革的深入，同时也有利于提高投资者信心，使我国证券市场摆脱困境，避免被边缘化。最后，股权分置问题的解决促进了证券市场真实供求关系和定价机制的建立。这对于改善投资环境，提高资本市场配置资源的效率，促进证券市场持续健康发展是十分有益的。

2.1.2 混合所有制改革

中共中央、国务院于2015年8月印发了《关于深化国有企业改革的指导意见》，提出了完善现代企业制度、发展混合所有制经济、完善国有资产管理体制等多项改革措施。国有企业混合所有制改革是国企改革体系中的重点和难点。国有企业混合所有制改革，即为在国有企业中推行混合所有制经济，国家通过调整产权结构，将不同所有制性质的产权主体进行融合与渗透，从而促进多种所有制经济有机结合，利于国有企业的长远发展。目前，国有企业虽然资源雄厚，但是由于企业产权主体的缺失导致存在内部体制僵化的问题，成为企业发展的掣肘。因此，亟需将其他资本引入国有体制，有效利用公共资源，从而激发国有资本活力，提升市场效率。

而国有企业与民营企业性质的差异，使得企业必须在混合所有制改革中充分反映各方的利益需求，选择更有效、科学和符合市场经济规律的公司治理结构。具体而言，国有企业混合所有制改革的融合与渗透不是单一要素的叠加，而是有机的融合。其主要内容包括四个方面。一是混合资本。资本是企业的根基所在，也是连结股东和企业的桥梁。股东（出资人）通过出资将资本让渡给公司，公司从而得以参与市场经营。而股东本身也获得了股权，从公司获得收益。二是整合资源。企业在市场中的竞争力主要来源于各类资源的优化和整合，例如生产资源、管理资源、社会资源、市场资源等相互叠加和相互作用才能实现资源利用效率的最大化。三是集合人才。人才是国有企业混合所有制改革的重点，没有人才的集合，空有其他要素，制度是无法落到实处的。不论是在决策层还是在员工层，给予员工足够的沟通和协作，才能发挥人力资源的作用。四是融合文化。企业文化是企业价值的体现，是企业发展的灵魂，所以文化的融合是必不可少的。国有企业文化蕴含社会担当，私营企业文化中包括创新与冒险，二者相辅相成，大有裨益。

虽然混合所有制改革取得了一些成绩，但是也存在不少问题。比如，忽略企业内生需求，政府“拉郎配”式强行改革。现实改革中，在绩效考核的压力下，一些地方政府急于求成，希望迅速扩大企业规模，甚至忽略企业内生动力，利用行政命令强行改革。又如，混合所有制改革机制不健全，国有资产流失风险高。由于改革制度仍存在缺陷，混合所有制改革的流程和机制存在不透明性，从而增加了国有资产流失的风险，最大的问题是混合所有制改革之后战略目标的确定。国有企业需要承担部分政策性任务，比如社会保障和就业等，而民营企业最重要的目标是保证利润最大化和企业价值最大化，二者利益目标存在分歧。混合所有制企业既有国有资本成分，也有民营资本成分，那么战略目标的确定就可能会出现分歧，尤其是企业战略目标体系不可能同时完成多种目标，所以明确混合所有制改革后的战略目标十分关键。

由此可见，在我国实现国有企业混合所有制改革，仍任重道远，必须精心考虑，选择合适的方法和路径。

第一，因企制宜，多种方式推进混合所有制改革。国有企业混合所有制改革的落脚点在所有权结构上的变革，但是方式繁多，比如公开上市推进混合所有制改革、采用“内引外投”双向投资方式推进改革等。所以，需要基于每个企业的情况选择能够激发创造活力的改革方式，不能“一刀切”。在实践中，当前混合所有制改革主要还集中在上市增发、投资收购等多种方式，循序渐进。

第二，合理设计改革制度，建立国有资产经营激励机制。取得国有企业混合所有制改革成效的重要保障就是改革制度的合理设计。而激励制度的改革既是任免和考评企业经营者的重要方面，也是混合所有制下国有资产监管制度改革的重要部分。要改变企业官僚机制，让企业更加灵活地参与市场竞争，合理的激励制度势在必行。一是通过不定期考评、追回条款等制度约束经营者，二是将国有企业经营者的薪酬与合法经济报酬相关联，只有将二者结合起来，才能将激励与监督机制应用于市场和企业，形成可持续发展的基础，符合市场规律，迸发资本活力。

第三，依法保护各类产权，维护公共利益。在国有企业混合所有制改革中，保护产权对改革成果的产生、积累和分配具有重要意义。一是保护少数股东的产权积极性。非国有股东的合法权益不被有效保护，经营决策过程中话语权、知情权和监督权得不到保障，其参与改革的积极性就会大打折扣，改革的有效性也必将受其影响。因此要通过设置董事会会议程序、投票规则等合理保证少数股东的决策权。二是保护公共利益，包括普通员工在内的公众对改革的透明度和结果的关注也是混合所有制改革的重要方面。因此，还要做到保证改革方案的公开和透明，对改革过程进行外部监督；保证员工的就业培训和保障下岗员工的基本生活；构筑员工激励体系，如员工持股。

2.2 股权特征分析

2.2.1 股权性质

从表2-1、图2-1和图2-2中可知，从总体趋势来看，国有控股公司的数量基本保持平稳，稳定维持在1 000个左右。非国有控股公司的样本数量呈现井喷式增长的态势，2003年仅338家上市公司，在2010年前后，非国有控股公司的数量超过国有控股公司的数量，近年来，非国有控股公司的数量远远超过国有控股公司的数量。

表2-1 **上市公司股权性质情况**

年份	总样本数	国有控股公司		非国有控股公司	
		数量	比率	数量	比率
2003	1 286	948	0.7372	338	0.2628
2004	1 378	963	0.6988	415	0.3012
2005	1 374	943	0.6863	431	0.3137
2006	1 455	942	0.6474	513	0.3526
2007	1 571	967	0.6155	604	0.3845
2008	1 625	981	0.6037	644	0.3963
2009	1 774	1 001	0.5643	773	0.4357
2010	2 129	1 041	0.4890	1 088	0.5110
2011	2 363	1 038	0.4393	1 325	0.5607
2012	2 492	1 044	0.4189	1 448	0.5811
2013	2 536	1 038	0.4093	1 498	0.5907
2014	2 652	1 041	0.3925	1 611	0.6075
2015	2 842	1 046	0.3681	1 796	0.6319
2016	3 136	1 074	0.3425	2 062	0.6575
2017	3 512	1 096	0.3121	2 416	0.6879
2018	3 607	1 115	0.3091	2 492	0.6909
2019	3 814	1 180	0.3094	2 634	0.6906
2020	4 155	1 278	0.3076	2 877	0.6924

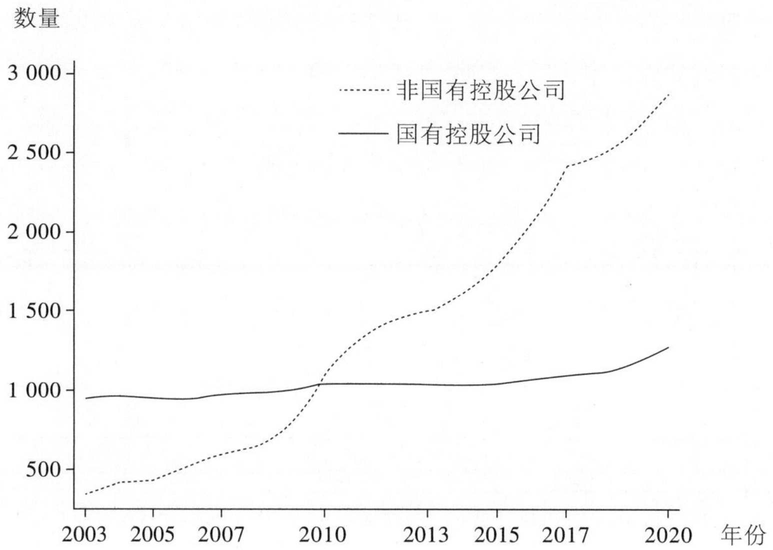

图2-1 上市公司股权性质情况（一）

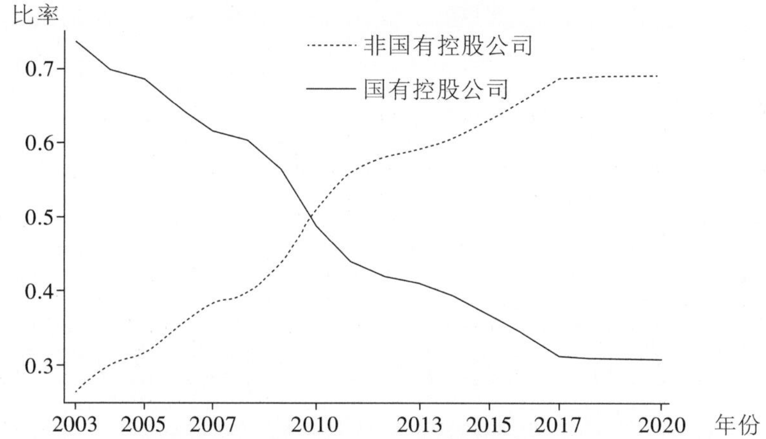

图2-2 上市公司股权性质情况（二）

2.2.2 股权集中度

在样本期间里，国有控股公司的股权集中度明显高于非国有控股公司。例如，2003年国有控股公司和非国有控股公司的股权集中度的均值分别为0.4627和0.3255。但在样本期间的后面部分，两者的差距有所缩小。例如，2010年国有控股公司和非国有控股公司股权集中度的均值分别为0.3920和0.3425。也就是说，从总体上说，国有控股公司与非国有控股公司的股权集中度的差异在缩小。从表2-2和图2-3中我们还可以看出，上市公司的股权集中度在样本期间内逐渐下降，这在国有控股公司中表现得尤为明显。在2005—2006年间，上市公司的股权集中度显著下降，这可能与股权分置改革相关。在非流通股变成流通股之前，非流通股股东必须与流通股股东就补偿方案进行协商，而补偿的最常见形式就是由非流通股股东向流通股股东进行一定的股票补偿，这在一定程度上稀释了大股东的股权比例。由于股权结构较为集中，大股东往往实际控制着公司。

表2-2 **上市公司第一大股东持股情况**

年份	国有企业					非国有企业				
	观测值	均值	最小值	中位数	最大值	观测值	均值	最小值	中位数	最大值
2003	948	0.4627	0.0644	0.4694	0.8500	338	0.3255	0.0106	0.2900	0.7242
2004	962	0.4572	0.0701	0.4602	0.8500	415	0.3304	0.0225	0.2926	0.7242
2005	943	0.4421	0.0701	0.4419	0.8498	431	0.3226	0.0424	0.2907	0.8000
2006	942	0.3954	0.0707	0.3895	0.9886	513	0.3106	0.0454	0.2863	0.8272
2007	967	0.3892	0.0483	0.3854	1.0000	604	0.3185	0.0082	0.2927	0.9235
2008	981	0.3892	0.0629	0.3856	0.8642	644	0.3248	0.0374	0.2980	0.8523
2009	1 001	0.3931	0.0364	0.3865	0.9361	773	0.3310	0.0444	0.2990	0.9510
2010	1 041	0.3920	0.0369	0.3879	0.8620	1 088	0.3425	0.0350	0.3132	0.9595
2011	1 038	0.3927	0.0362	0.3860	0.8635	1 325	0.3393	0.0220	0.3132	0.9900
2012	1 044	0.3970	0.0362	0.3887	0.8635	1 448	0.3406	0.0220	0.3142	0.8941
2013	1 037	0.3954	0.0362	0.3861	0.8635	1 498	0.3391	0.0220	0.3119	0.9226
2014	1 041	0.3932	0.0362	0.3854	0.8750	1 611	0.3316	0.0220	0.3092	0.8941
2015	1 046	0.3871	0.0438	0.3711	0.9900	1 796	0.3201	0.0029	0.3008	0.8999
2016	1 074	0.3813	0.0438	0.3617	0.9000	2 062	0.3179	0.0415	0.2986	0.8553
2017	1 096	0.3830	0.0438	0.3640	0.8909	2 416	0.3170	0.0415	0.2983	0.8313
2018	1 115	0.3831	0.0300	0.3644	0.8909	2 492	0.3139	0.0408	0.2959	0.8824
2019	1 180	0.3781	0.0300	0.3558	1.0000	2 634	0.3091	0.0408	0.2909	0.8824
2020	1 278	0.3808	0.0774	0.3595	0.8341	2 877	0.3203	0.0431	0.2962	0.9305

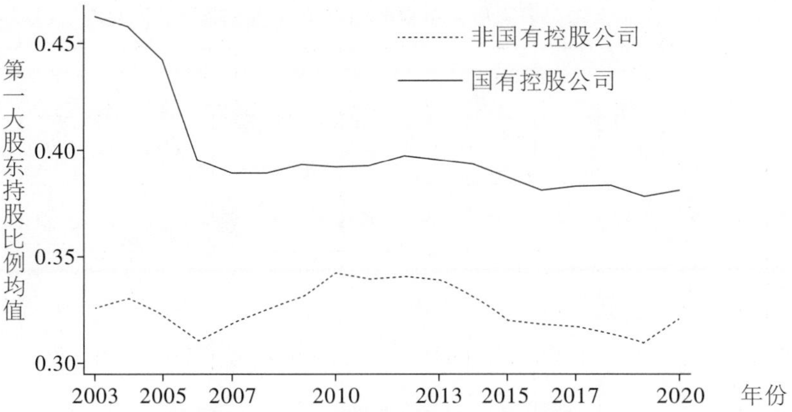

图2-3 上市公司第一大股东持股情况

2.3 外部大股东的特征分析

2.3.1 时间趋势特征

表2-3和表2-4为删除了大股东持股比例小于百分之五的样本之后上市公司大股东数量时间趋势表，分别从个数和占比两个角度来揭示。出现前十大股东持股数量大于10是因为存在并列持股的情况。由表2-3和表2-4可知，多个大股东的股权结构在上市公司中是普遍存在的。有1个大股东的公司数量自2003年以来呈现迅速上升的趋势。例如，2003年有1个大股东的公司数量为47家，占比为0.0365，到2020年有1个大股东的公司数量已经上升到380家，占比为0.0915。有10个大股东的公司自2003年以来呈现迅速下降的趋势。例如，2003年有10个大股东的公司数量为738家，占比0.5734，到2020年有10个大股东的公司数量已经下降到361家，占比为0.0869。总体上看，上市公司的股权更多地集中在一个大股东手里。

表2-5和表2-6为删除了大股东持股比例小于百分之十的样本之后上市公司大股东数量时间趋势表，分别从个数和占比两个角度来揭示。多个大股东的股权结构在上市公司中是普遍存在的。有1个大股东的公司数量自2003年以来呈现迅速上升的趋势。例如，2003年有1个大股

表2-3 **上市公司大股东数量时间趋势（标准5%）**

年份	观测值	个数										
		1	2	3	4	5	6	7	8	9	10	>10
2003	1 287	47	47	51	49	72	74	80	76	50	738	3
2004	1 376	44	36	56	57	87	84	83	69	68	792	0
2005	1 374	44	25	42	51	75	86	93	89	72	793	4
2006	1 441	48	30	60	73	91	112	93	117	93	720	4
2007	1 550	44	64	111	144	165	147	107	120	126	519	3
2008	1 625	104	162	214	158	164	151	136	105	93	338	0
2009	1 718	282	256	225	154	149	100	91	83	56	320	2
2010	2 072	347	332	242	194	158	130	118	96	96	359	0
2011	2 344	400	431	298	234	183	145	133	120	103	296	1
2012	2 492	460	457	377	220	201	146	134	112	83	299	3
2013	2 489	474	516	394	254	217	133	135	79	66	221	0
2014	2 613	475	585	416	300	212	135	118	82	63	227	0
2015	2 829	448	588	510	347	242	184	132	90	65	215	8
2016	3 063	417	607	501	386	282	226	146	134	84	278	2
2017	3 488	386	593	572	437	345	261	187	180	112	410	5
2018	3 586	395	649	620	553	383	309	201	139	99	236	2
2019	3 776	386	677	716	553	397	306	220	134	112	275	0
2020	4 155	380	751	759	641	472	329	212	139	108	361	3

表2-4　　上市公司大股东数量占比时间趋势（标准5%）

年份	占比										
	1	2	3	4	5	6	7	8	9	10	>10
2003	0.0365	0.0365	0.0396	0.0381	0.0559	0.0575	0.0622	0.0591	0.0389	0.5734	0.0023
2004	0.0320	0.0262	0.0407	0.0414	0.0632	0.0610	0.0603	0.0501	0.0494	0.5756	0.0000
2005	0.0320	0.0182	0.0306	0.0371	0.0546	0.0626	0.0677	0.0648	0.0524	0.5771	0.0029
2006	0.0333	0.0208	0.0416	0.0507	0.0632	0.0777	0.0645	0.0812	0.0645	0.4997	0.0028
2007	0.0284	0.0413	0.0716	0.0929	0.1065	0.0948	0.0690	0.0774	0.0813	0.3348	0.0019
2008	0.0640	0.0997	0.1317	0.0972	0.1009	0.0929	0.0837	0.0646	0.0572	0.2080	0.0000
2009	0.1641	0.1490	0.1310	0.0896	0.0867	0.0582	0.0530	0.0483	0.0326	0.1863	0.0012
2010	0.1675	0.1602	0.1168	0.0936	0.0763	0.0627	0.0569	0.0463	0.0463	0.1733	0.0000
2011	0.1706	0.1839	0.1271	0.0998	0.0781	0.0619	0.0567	0.0512	0.0439	0.1263	0.0004
2012	0.1846	0.1834	0.1513	0.0883	0.0807	0.0586	0.0538	0.0449	0.0333	0.1200	0.0012
2013	0.1904	0.2073	0.1583	0.1020	0.0872	0.0534	0.0542	0.0317	0.0265	0.0888	0.0000
2014	0.1818	0.2239	0.1592	0.1148	0.0811	0.0517	0.0452	0.0314	0.0241	0.0869	0.0000
2015	0.1584	0.2078	0.1803	0.1227	0.0855	0.0650	0.0467	0.0318	0.0230	0.0760	0.0028
2016	0.1361	0.1982	0.1636	0.1260	0.0921	0.0738	0.0477	0.0437	0.0274	0.0908	0.0007
2017	0.1107	0.1700	0.1640	0.1253	0.0989	0.0748	0.0536	0.0516	0.0321	0.1175	0.0014
2018	0.1102	0.1810	0.1729	0.1542	0.1068	0.0862	0.0561	0.0388	0.0276	0.0658	0.0006
2019	0.1022	0.1793	0.1896	0.1465	0.1051	0.0810	0.0583	0.0355	0.0297	0.0728	0.0000
2020	0.0915	0.1807	0.1827	0.1543	0.1136	0.0792	0.0510	0.0335	0.0260	0.0869	0.0007

东的公司数量为159家，占比为0.1235，到2020年有1个大股东的公司数量已经上升到975家，占比为0.2347。总体上看，上市公司的股权更多地集中在一个大股东手里，与前述得出的结论一致。

表2-5　**上市公司大股东数量时间趋势（标准10%）**

年份	观测值	个数										
		1	2	3	4	5	6	7	8	9	10	>10
2003	1 287	159	270	398	300	135	24	1	0	0	0	0
2004	1 376	128	271	481	335	132	28	1	0	0	0	0
2005	1 374	126	252	426	406	146	18	0	0	0	0	0
2006	1 441	130	264	468	387	154	33	4	1	0	0	0
2007	1 550	165	344	488	374	152	25	2	0	0	0	0
2008	1 625	280	436	466	319	108	15	1	0	0	0	0
2009	1 718	535	472	384	229	86	12	0	0	0	0	0
2010	2 071	636	552	467	301	102	9	3	0	0	0	1
2011	2 344	758	659	504	292	109	18	2	0	0	0	2
2012	2 492	828	719	552	277	100	14	2	0	0	0	0
2013	2 489	865	785	491	248	89	11	0	0	0	0	0
2014	2 613	921	827	507	268	77	11	2	0	0	0	0
2015	2 829	944	949	581	274	69	10	2	0	0	0	0
2016	3 063	920	1 002	689	323	107	20	2	0	0	0	0
2017	3 488	923	1 100	835	449	152	25	4	0	0	0	0
2018	3 586	927	1 192	857	451	130	28	1	0	0	0	0
2019	3 776	912	1 310	926	477	125	22	4	0	0	0	0
2020	4 155	975	1 432	1 044	532	152	18	2	0	0	0	0

注：出现前十大股东持股数量大于10的情况是因为存在并列持股。

表2-6　　上市公司大股东数量占比时间趋势（标准10%）

年份	占比										
	1	2	3	4	5	6	7	8	9	10	>10
2003	0.1235	0.2098	0.3092	0.2331	0.1049	0.0186	0.0008	0.0000	0.0000	0.0000	0.0000
2004	0.0930	0.1969	0.3496	0.2435	0.0959	0.0203	0.0007	0.0000	0.0000	0.0000	0.0000
2005	0.0917	0.1834	0.3100	0.2955	0.1063	0.0131	0.0000	0.0000	0.0000	0.0000	0.0000
2006	0.0902	0.1832	0.3248	0.2686	0.1069	0.0229	0.0028	0.0007	0.0000	0.0000	0.0000
2007	0.1065	0.2219	0.3148	0.2413	0.0981	0.0161	0.0013	0.0000	0.0000	0.0000	0.0000
2008	0.1723	0.2683	0.2868	0.1963	0.0665	0.0092	0.0006	0.0000	0.0000	0.0000	0.0000
2009	0.3114	0.2747	0.2235	0.1333	0.0501	0.0070	0.0000	0.0000	0.0000	0.0000	0.0000
2010	0.3071	0.2665	0.2255	0.1453	0.0493	0.0043	0.0014	0.0000	0.0000	0.0000	0.0005
2011	0.3234	0.2811	0.2150	0.1246	0.0465	0.0077	0.0009	0.0000	0.0000	0.0000	0.0009
2012	0.3323	0.2885	0.2215	0.1112	0.0401	0.0056	0.0008	0.0000	0.0000	0.0000	0.0000
2013	0.3475	0.3154	0.1973	0.0996	0.0358	0.0044	0.0000	0.0000	0.0000	0.0000	0.0000
2014	0.3525	0.3165	0.1940	0.1026	0.0295	0.0042	0.0008	0.0000	0.0000	0.0000	0.0000
2015	0.3337	0.3355	0.2054	0.0969	0.0244	0.0035	0.0007	0.0000	0.0000	0.0000	0.0000
2016	0.3004	0.3271	0.2249	0.1055	0.0349	0.0065	0.0007	0.0000	0.0000	0.0000	0.0000
2017	0.2646	0.3154	0.2394	0.1287	0.0436	0.0072	0.0011	0.0000	0.0000	0.0000	0.0000
2018	0.2585	0.3324	0.2390	0.1258	0.0363	0.0078	0.0003	0.0000	0.0000	0.0000	0.0000
2019	0.2415	0.3469	0.2452	0.1263	0.0331	0.0058	0.0011	0.0000	0.0000	0.0000	0.0000
2020	0.2347	0.3446	0.2513	0.1280	0.0366	0.0043	0.0005	0.0000	0.0000	0.0000	0.0000

2.3.2　行业分布特征

表2-7和表2-8为删除了大股东持股比例小于百分之五的样本之后中国上市公司大股东数量行业分布表，分别从个数和占比两个角度来揭示。出现前十大股东持股数量大于10是因为存在并列持股的情况。由表2-7和表2-8可知，存在多个大股东的股权结构在上市公司中是普遍存在

的。有1个大股东的公司在制造业中最为普遍，但主要原因在于制造业企业数量庞大，其占比仅为0.1140。有1个大股东的公司在采矿业及居民服务和其他服务业中占比较高。采矿业中有1个大股东的公司有198家，占比0.2742。卫生、社会保障和社会福利业中没有只有1个大股东的公司。制造业中有10个大股东的公司数量最多，在租赁业和商务服务业中有10个大股东的公司数量占比较大，共104家，占比0.2149。

表2-7 上市公司大股东数量行业分布（标准5%）

行业代码	行业名称	观测值	个数										
			1	2	3	4	5	6	7	8	9	10	>10
A	农林牧渔业	851	152	102	118	103	67	57	35	44	27	146	0
B	采矿业	722	198	150	68	65	22	27	22	27	32	111	0
C	制造业	28 298	3 225	4 489	4 079	3 129	2 611	2 017	1 635	1 286	1 016	4 790	21
D	电力、燃气及水的生产与供应业	1 264	183	230	214	164	103	50	59	46	23	192	0
E	建筑业	1 007	126	200	127	110	79	60	31	49	46	178	1
F	批发零售业	2 137	266	307	272	247	212	172	117	74	64	404	2
G	交通运输、仓储和邮政业	1 429	248	355	223	131	88	71	44	40	31	196	2
H	住宿和餐饮业	163	29	36	26	18	12	5	4	4	2	27	0
I	信息传输、计算机服务和软件业	2 520	143	225	296	300	289	257	218	179	117	490	6
J	金融业	707	44	83	115	82	75	69	55	49	30	103	2
K	房地产业	1 261	219	206	218	127	71	64	53	40	40	223	0
L	租赁业和商务服务业	484	42	42	51	58	56	34	34	34	29	104	0
M	科学研究、技术服务业	322	28	25	37	42	36	40	30	12	9	59	4
N	生态保护、环境治理业和公共设施管理业	345	49	59	51	29	21	24	20	12	20	60	0
O	居民服务和其他服务业	156	28	27	23	14	16	11	5	6	5	21	0
P	教育业	97	2	12	14	16	12	6	5	6	8	16	0
Q	卫生、社会保障和社会福利业	26	0	6	4	1	4	4	3	1	1	2	0
R	文化、体育和娱乐业	303	45	45	45	32	21	23	12	20	10	50	0
S	综合	1 186	154	207	183	137	100	67	37	35	39	225	2

注：出现前十大股东持股数量大于10的情况是因为存在并列持股。

表2-8　　上市公司大股东数量占比行业分布（标准5%）

行业代码	行业名称	占比										
		1	2	3	4	5	6	7	8	9	10	>10
A	农林牧渔业	0.1786	0.1199	0.1387	0.1210	0.0787	0.0670	0.0411	0.0517	0.0317	0.1716	0.0000
B	采矿业	0.2742	0.2078	0.0942	0.0900	0.0305	0.0374	0.0305	0.0374	0.0443	0.1537	0.0000
C	制造业	0.1140	0.1586	0.1441	0.1106	0.0923	0.0713	0.0578	0.0454	0.0359	0.1693	0.0007
D	电力、燃气及水的生产与供应业	0.1448	0.1820	0.1693	0.1297	0.0815	0.0396	0.0467	0.0364	0.0182	0.1519	0.0000
E	建筑业	0.1251	0.1986	0.1261	0.1092	0.0785	0.0596	0.0308	0.0487	0.0457	0.1768	0.0010
F	批发零售业	0.1245	0.1437	0.1273	0.1156	0.0992	0.0805	0.0547	0.0346	0.0299	0.1891	0.0009
G	交通运输、仓储和邮政业	0.1735	0.2484	0.1561	0.0917	0.0616	0.0497	0.0308	0.0280	0.0217	0.1372	0.0014
H	住宿和餐饮业	0.1779	0.2209	0.1595	0.1104	0.0736	0.0307	0.0245	0.0245	0.0123	0.1656	0.0000
I	信息传输、计算机服务和软件业	0.0567	0.0893	0.1175	0.1190	0.1147	0.1020	0.0865	0.0710	0.0464	0.1944	0.0024
J	金融业	0.0622	0.1174	0.1627	0.1160	0.1061	0.0976	0.0778	0.0693	0.0424	0.1457	0.0028
K	房地产业	0.1737	0.1634	0.1729	0.1007	0.0563	0.0508	0.0420	0.0317	0.0317	0.1768	0.0000
L	租赁业和商务服务业	0.0868	0.0868	0.1054	0.1198	0.1157	0.0702	0.0702	0.0702	0.0599	0.2149	0.0000
M	科学研究、技术服务业	0.0870	0.0776	0.1149	0.1304	0.1118	0.1242	0.0932	0.0373	0.0280	0.1832	0.0124
N	生态保护、环境治理业和公共设施管理业	0.1420	0.1710	0.1478	0.0841	0.0609	0.0696	0.0580	0.0348	0.0580	0.1739	0.0000
O	居民服务和其他服务业	0.1795	0.1731	0.1474	0.0897	0.1026	0.0705	0.0321	0.0385	0.0321	0.1346	0.0000
P	教育业	0.0206	0.1237	0.1443	0.1649	0.1237	0.0619	0.0515	0.0619	0.0825	0.1649	0.0000
Q	卫生、社会保障和社会福利业	0.0000	0.2308	0.1538	0.0385	0.1538	0.1538	0.1154	0.0385	0.0385	0.0769	0.0000
R	文化、体育和娱乐业	0.1485	0.1485	0.1485	0.1056	0.0693	0.0759	0.0396	0.0660	0.0330	0.1650	0.0000
S	综合	0.1298	0.1745	0.1543	0.1155	0.0843	0.0565	0.0312	0.0295	0.0329	0.1897	0.0017

注：出现前十大股东持股数量大于10的情况是因为存在并列持股。

表2-9和表2-10为删除了大股东持股比例小于百分之十的样本之后上市公司大股东数量行业分布表，分别从个数和占比两个角度来揭示。由表2-9和表2-10可知，有多个大股东的股权结构在上市公司中

是普遍存在的。由于制造业庞大的样本量，因此在制造业中有1个大股东的公司数量最多。有1个大股东的公司在住宿和餐饮业及居民服务和其他服务业中占比较高，分别为0.3988和0.4231。

表2-9 **中国上市公司大股东数量行业分布（标准10%）**

行业代码	行业名称	观测值	个数										
			1	2	3	4	5	6	7	8	9	10	>10
A	农林牧渔业	851	267	216	222	96	36	13	0	0	0	1	0
B	采矿业	722	269	177	140	100	32	2	2	0	0	0	0
C	制造业	28 297	7 183	8 602	6 853	4 035	1 377	225	20	1	0	1	0
D	电力、燃气及水的生产与供应业	1 264	354	335	324	177	64	10	0	0	0	0	0
E	建筑业	1 007	282	314	215	145	48	2	1	0	0	0	0
F	批发零售业	2 137	591	605	520	295	107	17	2	0	0	0	0
G	交通运输、仓储和邮政业	1 429	446	480	277	166	50	10	0	0	0	0	0
H	住宿和餐饮业	163	65	40	34	14	9	1	0	0	0	0	0
I	信息传输、计算机服务和软件业	2 520	385	660	747	532	163	29	3	0	0	1	0
J	金融业	707	91	200	261	110	38	6	1	0	0	0	0
K	房地产业	1 261	436	340	273	157	52	2	1	0	0	0	0
L	租赁业和商务服务业	484	89	132	134	94	31	3	0	0	0	1	0
M	科学研究、技术服务业	322	65	88	79	56	28	5	0	0	0	1	0
N	生态保护、环境治理业和公共设施管理业	345	91	117	66	46	21	4	0	0	0	0	0
O	居民服务和其他服务业	156	66	36	34	17	1	2	0	0	0	0	0
P	教育业	97	13	31	19	23	9	2	0	0	0	0	0
Q	卫生、社会保障和社会福利业	26	7	8	6	5	0	0	0	0	0	0	0
R	文化、体育和娱乐业	303	82	90	76	42	12	1	0	0	0	0	0
S	综合	1 186	350	365	284	132	47	7	1	0	0	0	0

表2-10　　上市公司大股东数量占比行业分布（标准10%）

行业代码	行业名称	占比										
		1	2	3	4	5	6	7	8	9	10	>10
A	农林牧渔业	0.3137	0.2538	0.2609	0.1128	0.0423	0.0153	0.0000	0.0000	0.0000	0.0012	0.0000
B	采矿业	0.3726	0.2452	0.1939	0.1385	0.0443	0.0028	0.0028	0.0000	0.0000	0.0000	0.0000
C	制造业	0.2538	0.3040	0.2422	0.1426	0.0487	0.0080	0.0007	0.0000	0.0000	0.0000	0.0000
D	电力、燃气及水的生产与供应业	0.2801	0.2650	0.2563	0.1400	0.0506	0.0079	0.0000	0.0000	0.0000	0.0000	0.0000
E	建筑业	0.2800	0.3118	0.2135	0.1440	0.0477	0.0020	0.0010	0.0000	0.0000	0.0000	0.0000
F	批发零售业	0.2766	0.2831	0.2433	0.1380	0.0501	0.0080	0.0009	0.0000	0.0000	0.0000	0.0000
G	交通运输、仓储和邮政业	0.3121	0.3359	0.1938	0.1162	0.0350	0.0070	0.0000	0.0000	0.0000	0.0000	0.0000
H	住宿和餐饮业	0.3988	0.2454	0.2086	0.0859	0.0552	0.0061	0.0000	0.0000	0.0000	0.0000	0.0000
I	信息传输、计算机服务和软件业	0.1528	0.2619	0.2964	0.2111	0.0647	0.0115	0.0012	0.0000	0.0000	0.0004	0.0000
J	金融业	0.1287	0.2829	0.3692	0.1556	0.0537	0.0085	0.0014	0.0000	0.0000	0.0000	0.0000
K	房地产业	0.3458	0.2696	0.2165	0.1245	0.0412	0.0016	0.0008	0.0000	0.0000	0.0000	0.0000
L	租赁业和商务服务业	0.1839	0.2727	0.2769	0.1942	0.0640	0.0062	0.0000	0.0000	0.0000	0.0021	0.0000
M	科学研究、技术服务业	0.2019	0.2733	0.2453	0.1739	0.0870	0.0155	0.0000	0.0000	0.0000	0.0031	0.0000
N	生态保护、环境治理业和公共设施管理业	0.2638	0.3391	0.1913	0.1333	0.0609	0.0116	0.0000	0.0000	0.0000	0.0000	0.0000
O	居民服务和其他服务业	0.4231	0.2308	0.2179	0.1090	0.0064	0.0128	0.0000	0.0000	0.0000	0.0000	0.0000
P	教育业	0.1340	0.3196	0.1959	0.2371	0.0928	0.0206	0.0000	0.0000	0.0000	0.0000	0.0000
Q	卫生、社会保障和社会福利业	0.2692	0.3077	0.2308	0.1923	0.0000	0.0000	0.0000	0.0000	0.0000	0.0000	0.0000
R	文化、体育和娱乐业	0.2706	0.2970	0.2508	0.1386	0.0396	0.0033	0.0000	0.0000	0.0000	0.0000	0.0000
S	综合	0.2951	0.3078	0.2395	0.1113	0.0396	0.0059	0.0008	0.0000	0.0000	0.0000	0.0000

2.4 本章小结

本章重点考察了外部大股东在我国治理实践的现状，分别从股权分置改革和混合所有制改革出发论述了制度背景，对我国上市公司股权特征和外部大股东特征进行了深入的分析。本章研究发现：第一，股权分置改革和混合所有制改革为我国外部大股东发挥治理作用提供了制度前提，只有在股权可以自由流通的基础上外部大股东才能发挥公司治理效用。第二，上市公司的股权性质结构出现了巨大的转变，从以国有上市公司为主转变为以非国有上市公司为主，在2020年，非国有上市公司占总数的69.24%。同时，第一大股东的持股比例也有较大的下降。第三，存在外部大股东的上市公司数量呈现出上升趋势。例如，2020年我国有91%的上市公司存在外部大股东，这表明外部大股东在我国资本市场中发挥着重要的作用。

第3章 外部大股东退出威胁与企业投资

3.1 研究问题的提出

企业的价值增长取决于投资活动，企业存在一个最优的投资水平实现企业价值最大化（Morgado和Pindado，2003），但是由于完美市场假设和完全信息假设不存在于现实的经济活动中，因此企业投资活动并非都能促进企业价值增长。例如，管理层短视行为可能导致企业投资不足（Bebchuk和Stole，1993），而管理层出于构建“经理人帝国”的动机又可能诱发企业过度投资（Jensen，1986）。此时，无论是投资不足还是过度投资都会损害公司的价值（Lu，2017），资本市场也会给予消极的反应（Officer，2011）。学者们尝试从管理层（Malmendier，2005；胡诗阳和陆正飞，2015）、大股东（Biddle，2009；窦欢等，2014；Jiang等，2018）的视角出发，寻找治理企业非效率投资的方法。作为知情投资者，大股东在企业投资决策者中发挥着重要的作用，窦欢等（2014）和Jiang等（2018）均发现了大股东对投资效率的积极作用。

传统理论文献认为，大股东参与公司治理的路径有两条：一是“用手投票”，即通过向管理层提交提案（Gillan 和 Starks，2000；Renneboog 和 Szilagyi，2011）、与管理层协商谈判（Shleifer 和 Vishny，1986；McCahery 等，2016）等方式主动参与公司治理；二是“用脚投票”，当公司绩效较差或有损害股东利益的行为发生时，由于协调和交易成本的上升（Edmans 和 Manso，2011），大股东更倾向于“用脚投票”直接退出该公司。从博弈论的角度来看，外部大股东和企业管理层之间是一种动态的合作博弈。当管理层一意孤行地进行非效率投资时，外部大股东会采取出售股票的方式来避免自身利益受损。资本市场对外部大股东退出行为的解读往往是负面的，这会导致公司股票价格暴跌。由此会给企业管理层带来不利的影响。例如，Parrino 等（2003）就发现大股东退出会提高企业高管被强制更换的概率。

Admati 和 Pfleiderer（2009）、Edmans（2009）的研究发现，当股东没有能力进行干预或干预成本过高，且直接退出存在障碍或不可取时，退出威胁为大股东提供了新的公司治理路径。在社会心理学领域，Shomer 等（1966）指出威胁作为一种沟通手段，有助于促进协调；Guyer 和 Rapoport（1970）认为在两方的非零和博弈中，一方的威胁会导致另一方面做出让步。在国际财务与会计领域，一系列研究退出威胁的文献证实了大股东退出威胁能有效地发挥公司治理作用：大股东的退出威胁可以抑制控股股东私利行为（姜付秀等，2015；Hope 等，2017），约束企业的盈余管理（陈克兢，2018），提高企业的财务报告质量（Dou 等，2018）。然而，尚未有文献考虑到大股东退出威胁对企业投资效率的影响。知情的外部大股东在二级市场的交易可以提高股价的信息效率，进而促使短视的管理者不得不从企业长期价值的角度出发做出更好的投资决策。既然外部大股东的股票交易可以纠正管理者的短视行为，这就表明管理者会关心股票市场上的股价走势。因此，在面对外部大股东可置信的退出威胁时，管理者同样会做出有助于企业价值提升的效率投资。

基于此，本章以 A 股上市公司 28 221 个公司年度观测样本为研究对象，通过理论模型构建和实证分析来验证外部大股东退出威胁对企业投资效率的影响机理，并基于外部大股东类型对退出威胁治理效应做了异质性分析。结果表明，外部大股东退出威胁可以有效地提高企业投资效率；在管理层持股财富较多和控股股东股权质押较多时，外部大股东退出威胁的治理效应更显著；不同类型外部大股东退出威胁的治理效应存在差异，价值投资型外部大股东退出威胁的治理效应显著高于短期逐利型外部大股东退出威胁的治理效应。

本章可能存在的理论贡献主要表现在三个方面：第一，本章的研究结论正面回答了Edmans（2014）关于大股东是否能影响公司价值的疑问。Edmans（2014）指出，虽然大股东在公司治理中发挥了一定的作用，但是现有的文献并未能提供大股东影响公司价值的可靠证据。本章研究发现，外部大股东可以通过退出威胁来提高企业的投资效率，证实了外部大股东对企业投资决策产生的实质性影响，揭示了资本市场压力传导到实体经济的路径，从侧面验证了外部大股东对公司价值产生的积极作用，对解答Edmans（2014）的疑问有着重要的意义。第二，本章从社会心理学的角度拓展了企业投资效率的影响因素文献体系。现有文献更多侧重的是“用手投票”（Johnson等，2000）和“用脚投票”（吴战篪和吴伟立，2018）的治理手段对企业投资效率的影响，忽视了退出威胁在其中发挥的作用。本章从社会心理学角度出发，将退出威胁引入外部大股东对企业投资效率的治理中，揭示了外部大股东退出威胁影响企业投资效率的作用机理，证实了退出威胁在新兴资本市场国家中依然可以发挥公司治理作用。第三，本章丰富了退出威胁的经济后果理论文献。现有文献主要从控制权私利（姜付秀等，2015；Hope等，2017）、盈余质量（陈克兢，2018；Dou等，2018）等角度考察了退出威胁的经济后果，尚未有文献能从投资效率的角度来考察退出威胁的经济后果。本章找到了外部大股东退出威胁提高企业投资效率的经验证据，从新的视角对“股东积极主义”系列文献（吴战篪和吴伟立，2018；Brav等，2008）进行了有益的补充。

3.2 企业投资决策理论模型构建与推导

为了更好地分析外部大股东退出威胁对企业投资决策的影响机理，本章在借鉴（Admati和Pfleiderer，2009）的基础上构建了企业投资决策理论模型，希望通过模型推导来揭示外部大股东退出威胁对企业非效率投资行为的影响。本章将决策过程分为三个阶段：第一阶段是企业管理层投资决策的制定，第二阶段是外部大股东识别企业投资决策，第三阶段所有投资者观测到企业投资决策。

3.2.1 模型假设

本章提出了以下六个假设：①公司初始价值为V_1，V_1是固定且可观察的。②管理层从非效率投资中获得的私人收益为β，且β与非效率投资的程度正相关。③在第二、第三阶段公司的市场价值V_2、V_3是由竞争市场上风险中立的参与者决定的，反映了所有公开的信息。④管理层薪酬（$\omega_2 V_2 + \omega_3 V_3$）与公司的市场价值$V_2$、$V_3$呈线性关系，其中$\omega_2$、$\omega_3$是非负系数，分别代表管理层薪酬对短期（第二阶段）和长期（第三阶段）公司价值的依赖[①]。其中，当ω_2为0时，外部大股东就不会通过退出来影响管理层的投资决策。⑤在模型的第三阶段，所有投资者会观测到管理层是否采取非效率投资策略$\tilde{\alpha}$和由此带来的公司价值减损值$\tilde{\delta}$。⑥$\tilde{\delta}$服从在$\left[0,\ \bar{\delta}\right]$连续分布，$\bar{\delta}$为正且趋于无穷大。

3.2.2 决策过程

在第一阶段，企业管理层会在判别企业非效率投资给公司价值造成损害$\tilde{\delta}$的基础上确定投资决策，因此管理层的策略可以用函数$\alpha(\tilde{\delta})$来描述。具体而言，$\alpha(\tilde{\delta}) = 1$代表管理层采取非效率投资策略，$\alpha(\tilde{\delta}) = 0$代表管理层不进行非效率投资，投资者推测企业价值变化的预期值就是$\alpha(\tilde{\delta})\tilde{\delta}$。为了简化符号，本章使用$\tilde{\alpha}$代替$\alpha(\tilde{\delta})$表示管理层的行动。如果管理层实施非效率投资策略，公司价值会减少$\tilde{\delta}$（$\tilde{\delta} \geqslant 0$）。对应地，公

司的未来价值变为 $V_1 - E(\tilde{\alpha}\tilde{\delta})$，而管理层则会获得私人收益 $\beta(\beta \geq 0)$。

在第二阶段，外部大股东由于拥有信息优势可以观测到企业的投资行为，也就是 $\tilde{\alpha}$ 的实现值。但是由于信息不对称的问题，其他的中小股东是无法准确判断 $\tilde{\alpha}$ 的实现值的。考虑到非效率投资行为会损害公司未来的价值，进而会损害外部大股东的利益，所以只要观测到企业管理层采取非效率投资策略，外部大股东就会卖掉该公司股票。假设 E_s 是外部大股东卖掉股票退出后 $\tilde{\alpha}\tilde{\delta}$ 的条件期望值，而 E_{ns} 是外部大股东没有卖掉股票时 $\tilde{\alpha}\tilde{\delta}$ 的条件期望值。因此在第二阶段，外部大股东卖掉股票后公司价格为 $V_1 - E_s$，否则为 $V_1 - E_{ns}$。

在第三阶段，企业管理层是否进行非效率投资 $\tilde{\alpha}$ 和由此带来的公司价值减损值 $\tilde{\delta}$ 都可以被所有投资者观测到。所以，第三阶段公司价格 V_3 分别为：管理层采取非效率投资策略时 V_3 为 $V_1 - \tilde{\delta}$；而管理层没有非效率投资时 V_3 为 V_1。

3.2.3 模型推导

在前文的基础上，现通过对收益函数的推导来分析企业的最优投资决策。

如果企业进行非效率投资，

$$\text{管理层的预期收益}=\beta + \omega_2\left(V_1 - E_s\right) + \omega_3\left(V_1 - \tilde{\delta}\right) \tag{3.1}$$

否则，

$$\text{管理层的预期收益}=\omega_2\left(V_1 - E_{ns}\right) + \omega_3 V_1 \tag{3.2}$$

只有当公式（3.1）的结果大于公式（3.2）的结果，$\beta - \omega_2\left(E_s - E_{ns}\right) - \omega_3\tilde{\delta} \geq 0$时，管理层才会做出非效率投资的决策。

外部大股东对企业投资决策的影响是通过 $E_s - E_{ns}$ 实现的，$E_s - E_{ns}$ 是在第二阶段外部大股东卖出股票与继续持有股票时公司价格的差异。因为外部大股东的退出会向市场传递负面信息，所 $E_s - E_{ns}$ 的结果为正。$E_s - E_{ns}$ 度量了当管理层进行非效率投资后，外部大股东退出造成公司股价下跌对管理层的惩罚程度。另外，由于 $\omega_3 > 0$，$\beta - \omega_2\left(E_s - E_{ns}\right) - \omega_3\tilde{\delta}$ 会随着 $\tilde{\delta}$ 的增大而减小。这意味着，只有当 $\tilde{\delta}$ 足够小时，管理层才会采取非效率投资策略。在这种情况下，均衡可以用一个点x来描述：只有当$\tilde{\delta} \leqslant x$时，管理层才会采取非效率投资策略。鉴于管理层的这种策略，以及如果管理层采取行动，外部大股东就会通过卖掉股票实现退出，因此：

$$E_{s(x)} = E\left(\tilde{\delta} \middle| \tilde{\delta} \leqslant x\right) \tag{3.3}$$

$$E_{ns(x)} = 0 \tag{3.4}$$

其中，$E_{s(x)}$表示E_s受均衡点x的影响。由于中小投资者可以做出如下理性的判断：外部大股东没有卖出股票，则$\tilde{\alpha} = 0$（管理层没有非效率投资），所以$E_{ns(x)} = 0$不取决于点x。

在此基础上，本章考察外部大股东的退出威胁对管理层投资决策的影响。因为在均衡点x上管理层对是否采取非效率投资保持中立，所以x必须满足：

$$\beta - \omega_2\left[E_{s(x)} - E_{ns(x)}\right] - \omega_3 x = 0 \tag{3.5}$$

如果公司中不存在外部大股东的退出威胁，即公式（3.5）中没有$E_{s(x)} - E_{ns(x)}$，此时，$x_1 = \beta/\omega_3$。也就是说，在没有外部大股东退出威胁时，只要$\tilde{\delta} < x_1 = \beta/\omega_3$，管理层就会采取非效率投资策略。如果公司中存在外部大股东退出威胁，那么$x_2 = \left\{\beta - \omega_2\left[E_{s(x)} - E_{ns(x)}\right]\right\}/\omega_3$，而$E_{s(x)}$和$E_{ns(x)}$满足公式（3.3）和公式（3.4），进而可以推出$x_1 \geqslant x_2$，即外部大股东的退出威胁会减少管理层采取非效率投资策略的可能性，而且当均衡点x逐渐趋于0时，即管理层采取非效率投资策略的可能性足够小时，外部大股东退出威胁的影响$E_{s(x)} - E_{ns(x)}$也会趋于0。这说明当管理者与股东的利益趋于一致时，外部大股东的退出威胁就不再发挥作用了。由以上推导可知，在管理者与股东目标不同时，外部大股东的退出威胁可以对企业投资效率产生治理效应。

本章将管理层、股东和普通投资者纳入到企业投资决策理论模型中，通过模型推导揭示外部大股东退出威胁在企业投资决策过程中的作用。本章将退出威胁纳入到企业投资决策模型中，更加真实地反映了企业投资决策过程中各方的博弈情况，这将为后续研究探讨企业投资决策影响因素提供理论参考。

3.3 文献回顾与理论分析

3.3.1 文献回顾

股东积极主义文献认为，大股东可以约束控股股东（Cheng等，2017）、缓解代理冲突（Renneboog和Szilagyi，2011），提高企业价值和业绩（Boubaker等，2016；Denes等，2017）。不可否认的是，股东积极主义的实施会受到企业、股东、环境的异质性（Hadani等，2011；Goranova和Ryan，2014）的影响。特别是在股东参与监督的成本过高时，股东积极主义的效果并不显著（Gantchev，2013；Edmans和Holderness，2017）。“用脚投票”是大股东实现公司治理的一个手段，Parrino等（2003）发现大股东退出会增加高管被强制变更的概率。以Admati、Pfleiderer（2009）和Edmans（2009）为起点撰写的一系列文献证实，退出威胁是大股东参与公司治理的一条新路径。作为知情交易者，大股东掌握着较多的公司私有信息，这种信息优势会对资本市场中的公司股价产生重要影响。Palmiter（2001）发现大股东可以通过威胁管理层“卖出持有的股票并导致公司股价下跌”来影响管理决策。而且在企业有多个大股东或股票流动性较强的情况下，这种退出威胁发挥的治理作用更大（Edmans和Manso，2011）。

学术界从两类委托代理问题的视角，分别考察了退出威胁对管理层、控股股东的治理作用。一方面，Admati和Pfleiderer（2009）通过模型推导发现，大股东的可置信退出威胁可以约束管理者损害公司价值的行为，降低企业的代理成本；另一方面，姜付秀等（2015）证实了大股东退出威胁可以有效地抑制控股股东的私利行为。进一步，Hope等（2017）考虑公司异质性后发现，在控制权私利很高的公司中大股东退出威胁无法对控股股东产生治理效应。Dou等（2018）、陈克兢（2018）认为大股东退出威胁可以提高企业的财务报告质量和降低盈余管理程度。除此之外，还有部分文献着重强调流动性在退出威胁中的作用。

Gerken（2014）利用美国股票交易定价的十进制改革证实了流动性是大股东退出威胁发挥作用的重要条件。Fos和Kahn（2016）认为流动性可能反向影响大股东退出威胁。

现阶段学术界围绕着退出威胁经济后果开展了大量的研究，取得了一系列的研究成果，极大地推动了理论研究的发展。已经有文献注意到了大股东在公司投资决策中的作用，但是这些文献更多的是从“用手投票”的角度来考察大股东对投资效率的影响（2018）。随着退出威胁相关研究的兴起，学者们已经逐渐证实了退出威胁在公司治理中的重要作用（Hope等，2017；Dou等，2018），这为学术界研究公司治理问题提供了一个崭新的视角。然而，目前尚未有文献能从退出威胁的视角出发考察其对企业投资效率的影响，这为本章提供了一个难得的机会。基于此，本章主要考察外部大股东退出威胁对企业投资效率的影响机理，希望对推动退出威胁理论“本土化”有着积极的意义。

3.3.2 理论分析与研究假设

本章从动机和能力两个方面分析外部大股东退出威胁对企业投资效率的影响，具体如下：

第一，动机分析。本章认为外部大股东有动机参与公司治理，约束企业的非效率投资行为。非效率投资行为会减少公司价值，损害股东的利益（Titman等，2004），所以股东有动机去约束企业的非效率投资行为。但由于持股比例以及与公司关系的不同，股东的目标并不是一致的。外部大股东是指持股超过5%，且不在企业内部担任高管或董事的股东（Zhong等，2007）。较大的持股比例使得外部大股东监督管理层的动机更强，避免了小股东“搭便车”的问题（Shleifer和Vishny，1986；Grossman和Hart，1980）。而且外部大股东具备一定的专业能力和信息优势（Brockman和Yan，2009），能够主动地参与公司治理，并做出有效的决策。与内部人持股不同的是，外部大股东并不在公司内任职，与公司不存在职务关联，不受制于薪酬和职位。外部大股东的目标较为简单明确——高价出售股票以获得交易利益。企业投资效率低会导致公司股价下跌，进而影响外部大股东的持股市值及未来收益，此时来自外部大股东退出威胁的置信度更高。因此，本章认为外部大股东有动机来约束企业的非效率投资行为。

第二，能力分析。由于管理层对股价较为敏感，外部大股东可以通过退出威胁来影响企业投资行为。当外部大股东发现管理层的非效率投资行为时，预期未来企业价值会随之下降，所以外部大股东会出售股票退出，而市场会将这一负面消息注入到股价中，造成公司的股价下跌（Sun和Ibikunle，2017）。公司股价下跌会导致两个后果：一方面，会造成管理层与公司股价相关的财富缩水，影响管理层的自身利益。CSMAR数据库的数据显示，截至2017年年底，A股上市公司中近80%的公司有管理层持股的情况，其中超过20%的公司管理层持股总量超过公司总股本的40%。所以公司股价下跌会使管理者财富产生很大的损失，管理层会权衡非效率投资带来的个人私利和股价下跌带来的财富损失，当股价下跌带来的财富损失超过非效率投资带来的个人私利时，管理层就不会进行非效率投资。另一方面，会导致控股股东股权质押面临爆仓风险，影响控股股东利益。为了缓解融资约束，控股股东往往将自身持有的股权进行质押获取资金。当股票价格跌至平仓警戒线时，被质权方抛售股票会导致公司面临巨大的股价崩盘风险和控制权转移风险（谢德仁等，2016）。此时，控股股东会要求企业管理层维持公司股价稳定。当外部大股东发出可置信的退出威胁时，为了避免被董事会辞退、降薪等，管理层会减少非效率投资行为以避免产生股价下跌的负面后果（Li和Zhang，2015）。

因此，基于上述分析，本章提出如下假设：

研究假设3-1：外部大股东退出威胁可以有效约束企业非效率投资行为。

3.4 研究设计

3.4.1 样本选择与数据来源

本章选取2003—2017年A股上市公司作为研究对象，对初试样本进行如下处理：①剔除ST、ST*样本；②剔除金融行业的样本；③剔除有数据缺失的样本；④剔除财务数据异常的样本，最终样本量为28 221个。实证过程中所涉及的数据均来自Wind数据库和CSMAR数据库。为了消除极端值的影响，本章对所有连续变量在上下1%分位进行了Winsorize缩尾处理。

3.4.2 变量定义与计量

（1）被解释变量

投资效率EINV：本章采用Richardson（2006）的模型来计量，具体如下：

$$INV_{it} = \alpha_0 + \alpha_1 Q_{i,t-1} + \alpha_2 Cash_{i,t-1} + \alpha_3 Age_{i,t-1} + \alpha_4 Size_{i,t-1} + \alpha_5 Lev_{i,t-1} + \alpha_6 RET_{i,t-1} + \alpha_7 INV_{i,t-1} + \varepsilon \quad (3.6)$$

其中，INV为公司资本投资，具体为固定资产加在建工程加无形资产加长期投资的变动值除以平均总资产；Q为企业成长机会，具体为托宾Q值；Cash为现金，具体为货币资金除以总资产；Age为公司上市年龄；Size为公司规模，具体为总资产的自然对数；Lev为企业资产负债率；RET为考虑现金红利再投资的个股年度收益率。Richardson（2006）模型残差的绝对值为企业非效率投资的程度，该值越小表示企业的投资效率越高。Richardson（2006）模型受到了Hope（2017）、Goodman（2013）和Lara（2016）等众多学者的推崇，同时本章在稳健性检验中还采用了Biddle等（2009）的方法重新计量了企业的投资效率，以此来确保研究结论的可靠性。

（2）解释变量

外部大股东退出威胁OET：借鉴Dou等（2018）的做法，以流动性LIQUIDITY和大股东竞争程度BHCOMP的乘积作为退出威胁的代理变量，具体如下：

$$OET_{it} = LIQUIDITY_{it} \times BHCOMP_{it} \quad (3.7)$$

其中，流动性LIQUIDITY为流通股日均股票换手率；本章并未完全借鉴Dou等（2018）对大股东竞争程度BHCOMP的计量方法，而是在此基础上进行了改进。Dou等（2018）认为大股东竞争程度为−1×

$\sum_{k=1}^{N}\left(\frac{Block_{k,i,t}}{Block_{it}}\right)^2$，$Block_{k,i,t}$为第i个企业第t年中第k个大股东的持股比例，$Block_{it}$为第i个企业第t年中所有大股东的持股比例之和。Dou等（2018）的这种方法将控股股东和外部大股东混为一谈，忽视了大股东的异质性。在中国资本市场中控股股东发挥治理作用的手段众多，而并不需要通过退出威胁来约束企业管理层的私利行为，只有外部大股东才会在“用手投票”无效之后发出退出威胁来维护自身权益。因此，本章对Dou等（2018）的方法进行了改进，具体如下：

$$BHCOMP_{it} = \sum_{k=1}^{N}\left(\frac{OutBlock_{k,i,t}}{Block_{it}}\right)^2 \tag{3.8}$$

其中，$Block_{it}$为第i个企业第t年中所有大股东的持股比例之和，$OutBlock_{k,i,t}$为第i个企业第t年中第k个外部大股东的持股比例。由于存在关联关系，股东会通过直接、间接的方式结成事实上的“一致行动人”，在这种情况下投票权往往归属于一个大股东。所以，本章在数据处理时将“一致行动人”的持股进行汇总，进而判断其是否符合外部大股东的界定标准。正如Dou等（2018）所言，管理层和董事持股不会通过退出威胁来影响企业投资决策，所以在计算大股东竞争时并未考虑管理层和董事持股。另外，公式中的持股比例均指的是持有流通股的比例。所以，$BHCOMP_{it}$越大表示外部大股东在股权结构上的作用越大。同时，为了确保变量设定的科学合理性，本章在稳健性检验部分还采用了其他三种方法重新计量了退出威胁，经过对比后发现回归结果未发生变化。

（3）控制变量

借鉴Lara等（2016）、Benlemlih和Bitar（2018）的研究，本章在模型中对可能影响企业投资效率的变量加以控制，其中包括：企业规模（Size）、负债水平（Lev）、成长能力（Growth）、现金流量（FCF）、盈利能力（ROE）、董事会规模（Dsize）、独董比率（Dir）、监事会规模（Ssize）、股权集中度（Top1）。同时，本章还控制了年度（Year）和行业（Ind）效应，具体变量定义见表3-1。

表3-1 **变量定义**

变量类型	变量名称	符号	计算方法
被解释变量	投资效率	EINV	Richardson（2006）模型分年分行业回归残差的绝对值
解释变量	外部大股东退出威胁	OET	流动性与大股东竞争程度的乘积
控制变量	企业规模	Size	总资产的自然对数
	负债水平	Lev	负债总额/资产总额
	成长能力	Growth	（本期营业收入-上期营业收入）/上期营业收入
	现金流量	FCF	经营活动现金流净值/总资产
	盈利能力	ROE	净资产收益率，税后利润/所有者权益
	董事会规模	Dsize	董事会人数的自然对数
	独董比率	Dir	独董人数/董事会人数
	监事会规模	Ssize	监事会人数的自然对数
	股权集中度	Top1	第一大股东持股比例
	年度效应	Year	控制年度效应
	行业效应	Ind	控制行业效应

3.4.3 检验模型设计

本章采用模型（3.9）来检验外部大股东退出威胁与企业投资效率之间的关系：

$$EINV_{it} = \beta_0 + \beta_1 OET_{it} + \beta_2 Size_{it} + \beta_3 Lev_{it} + \beta_4 Growth_{it} + \beta_5 FCF_{it} + \beta_6 ROE_{it} + \beta_7 Dsize_{it} + \beta_8 Dir_{it} + \beta_9 Ssize_{it} + \beta_{10} Top1_{it} + \sum Year_{it} + \sum Ind_{it} + \varepsilon \quad (3.9)$$

其中，$EINV_{it}$为i公司在第t年的非效率投资程度；OET_{it}为i公司在第t年的外部大股东退出威胁。如果外部大股东退出威胁OET_{it}的回归系数β_1显著为负，则说明退出威胁可以有效地抑制企业的非效率投资，本章的研究假设3-1将得到证明。

3.5 实证结果与分析

3.5.1 描述性统计分析

表3-2中列示了变量的描述性统计分析结果。从表3-2可知，投资效率EINV的均值（中位数）为0.058（0.027），最大值和最小值分别为0.455和0.000，标准差为0.082，这说明不同企业的投资效率相差较大。外部大股东退出威胁OET的均值为0.001，最大值和最小值分别为0.015和0.000，由此可知不同的样本观测值之间的退出威胁差异较大。

表3-2 **变量的描述性统计分析**

变量	N	Mean	SD	Min	p25	Median	p75	Max
EINV	28 221	0.058	0.082	0.000	0.005	0.027	0.075	0.455
OET	28 221	0.001	0.003	0.000	0.000	0.000	0.002	0.015
Size	28 221	21.686	1.252	19.106	20.798	21.535	22.385	25.543
Lev	28 221	0.623	1.479	0.052	0.292	0.455	0.616	14.372
Growth	28 221	0.189	0.416	−0.663	−0.010	0.129	0.303	2.490
FCF	28 221	0.010	0.302	−1.321	−0.027	0.021	0.092	1.246
ROE	28 221	0.063	0.143	−0.769	0.027	0.073	0.122	0.382
Dsize	28 221	2.284	0.257	1.609	2.197	2.197	2.398	2.996
Dir	28 221	0.358	0.069	0.154	0.333	0.333	0.400	0.571
Ssize	28 221	1.345	0.320	0.693	1.099	1.099	1.609	2.197
Top1	28 221	0.361	0.154	0.103	0.238	0.338	0.469	0.755

3.5.2 单因素分析

表3-3中按照外部大股东退出威胁OET的均值将全部样本分为高退出威胁样本组和低退出威胁样本组进行单变量分析，分析结果表明：投资效率EINV的T检验和Wilcoxon Z检验结果均显著为负，说明高退出

威胁样本组的非效率投资水平显著低于低退出威胁样本组，初步验证了退出威胁对非效率投资的约束作用。此外，本章还对模型涉及的变量进行了Pearson和Spearman相关性检验，变量间的相关系数远小于经验值0.5，这说明不存在严重的多重共线性问题。外部大股东退出威胁OET与投资效率EINV的相关系数均在0.01的水平上显著负相关，也初步验证了本章假设。限于篇幅，在此不再赘述。

表3-3 **单变量分析**

变量	高退出威胁样本组		低退出威胁样本组		T test	Wilcoxon Z
	平均值	中位数	平均值	中位数		
EINV	0.055	0.025	0.059	0.027	−0.004***	−0.002***
Size	21.487	21.357	21.762	21.602	−0.276***	−0.245***
Lev	0.461	0.427	0.685	0.465	−0.224***	−0.038***
Growth	0.189	0.129	0.189	0.129	0.000	0.000
FCF	−0.006	0.020	0.016	0.022	−0.022***	−0.002***
ROE	0.061	0.073	0.064	0.072	−0.003	−0.001
Dsize	2.268	2.197	2.291	2.197	−0.023***	−0.000***
Dir	0.363	0.333	0.355	0.333	0.008***	0.000***
Ssize	1.310	1.099	1.359	1.099	−0.049***	0.000***
Top1	0.333	0.301	0.372	0.354	−0.039***	−0.053***

注：* $p < 0.10$，** $p < 0.05$，*** $p < 0.01$。

3.5.3 回归结果及分析

本章对外部大股东退出威胁与企业投资效率的关系进行了检验，回归结果如表3-4所示。外部大股东退出威胁OET_{it}与投资效率$EINV_{it}$的回归系数在1%的水平上显著为负，这表明退出威胁可以有效地抑制企业的非效率投资。具体的经济意义在于：外部大股东退出威胁OET_{it}每上升一个标准差，将使企业的非效率投资下降0.229%（0.762×0.003），相当于非效率投资均值的3.941%。同时，本章将企业投资效率细分为过度投资和投资不足之后进行了重新回归，以期能观测出外部大股东退出威胁对投资效率的具体影响。从表3-4的回归结果可知，退出威胁与企业过度投资在1%的水平上显著负相关，而退出威胁对企业投资不足的影响并不显著。相对于投资不足而言，过度投资对企业价值的损害更大，是经理人可以从中谋求私人利益的重要手段（Jensen，1986）。因此，外部大股东会采取退出威胁的手段来避免企业出现过度投资的问题。控制变量回归显示，现金流量FCF_{it}的回归系数在1%的水平上显著为正，验证了Jensen（1986）的自由现金流假说；独董比率Dir_{it}的回归系数在1%的水平上显著为负，印证了独立董事在企业投资决策中的作用（Fahlenbrach和Low，2017）；股权集中度$Top1_{it}$的回归系数在5%的水平上显著为正，一定程度上证实了控股股东的“掏空”效应。

表3-4 **退出威胁对投资效率的回归分析**

变量	投资效率	过度投资	投资不足
OET_{it}	-0.762^{***}	-1.256^{***}	0.172
	（-4.035）	（-6.052）	（0.534）
Control	YES	YES	YES
Adj-R^2	0.075	0.094	0.123
N	28 221	20 005	8 216

注：$^{*}p < 0.10$，$^{**}p < 0.05$，$^{***}p < 0.01$；括号内为t值；标准误差经过了公司层面的cluster处理。

3.5.4 内生性测试

为了避免内生性问题对研究结论的影响，本章采用以下四种方法予以控制：

第一，PSM-DID。外部大股东持有上市公司股票是一个动态调整的过程，外部大股东可以选择进入一家新的上市公司，也可以选择退出原来持股的上市公司，这些发生质变的公司可以为本研究提供难得的观测样本。本章经过整理之后发现，有2 326个年度观察样本从有外部大股东变成了没有外部大股东，此时外部大股东的退出威胁完全无效；同时，有523个年度观察样本从没有外部大股东变成了有外部大股东，此时外部大股东退出威胁就可以发挥治理作用。本章采用PSM寻找这两种质变样本的对照组，匹配向量定义为EPS_{it}、PE_{it}、MV_{it}、Q_{it}、DPR_{it}、$LIQUIDITY_{it}$、$ChiNext_{it}$、$Size_{it}$、Lev_{it}、$Growth_{it}$、FCF_{it}、ROE_{it}、$Top1_{it}$、SOE_{it}。其中，EPS_{it}为每股收益，PE_{it}为市盈率，MV_{it}为股票市值，Q_{it}为托宾Q值，DPR_{it}为股利支付率，$ChiNext_{it}$为创业板虚拟变量，其他变量定义与前文相同。进而计算出对应倾向得分，采用无放回的一对一匹配来寻找对应的对照组。本章构建如下的检验模型：

$$\Delta EINV_{it} = \phi_0 + \phi_1 OET\_wdy_{it} + \phi_2 \Delta Control_{it} + \varepsilon \quad (3.10)$$

$$\Delta EINV_{it} = \gamma_0 + \gamma_1 OET\_ydw_{it} + \gamma_2 \Delta Control_{it} + \varepsilon \quad (3.11)$$

其中，$\Delta EINV_{it}$为i公司在第t年投资效率的变动值；OET_wdy_{it}为哑变量，当样本从无退出威胁到有退出威胁时为1，否则为0；OET_ydw_{it}为哑变量，当样本从有退出威胁到无退出威胁时为1，否则为0。$\Delta Control_{it}$为控制变量的变动值。

由表3-5的回归结果可知，OET_wdy_{it}的回归系数在1%的水平上显著为负，这说明当企业从无外部大股东退出威胁到有外部大股东退出威胁时投资效率有显著提升；OET_ydw_{it}的系数在5%的显著性水平上显著为正，这说明当企业从有外部大股东退出威胁到无外部大股东退出威胁时投资效率有着显著的下降。整体而言，外部大股东退出威胁对企业投资效率产生了显著的治理效果，这结论并非由于样本自选择问题造成的。

第二，Two Stage Least Square Method（2SLS）。本章借鉴Hope等（2017）的思想，尝试借助股权分置改革来设计工具变量。工具变量$SSSR_{it}$为$Treat_{it} \times Time_{it}$，具体定义如下：当企业在股权分置改革之前至少存在一个持股超过5%的外部大股东时$Treat_{it}$为1，否则$Treat_{it}$为0；当企业完成股权分置改革时$Time_{it}$为1，否则$Time_{it}$为0。其经济学含义在于，在完成股权分置改革之后，企业外部大股东才有了退出的可能，此时发生退出威胁可行度较高。同时，股权分置改革与公司的投资效率也不相关，所以从理论角度来看，$SSSR_{it}$是外部大股东退出威胁较为适合的工具变量。表3-5中的回归结果显示，外部大股东退出威胁OET_{it}与企业

表3-5　　控制内生性问题之后的回归结果

变量	PSM-DID		2SLS	Fixed Effects Model	Change Model
OET_wdy_{it}	-0.024^{***}				
	(−2.764)				
OET_ydw_{it}		0.007^{**}			
		(2.410)			
OET_{it}			-2.311^{**}	-0.273^{**}	
			(−2.393)	(−2.052)	
ΔOET_{it}					-0.567^{***}
					(−2.621)
Control	YES	YES	YES	YES	YES
Adj-R^2	0.066	0.038	0.072	0.052	0.020
N	1 046	4 652	28 221	28 221	23 028

注：$^{*}p < 0.10$，$^{**}p < 0.05$，$^{***}p < 0.01$；括号内为t值；标准误差经过了公司层面的cluster处理；在PSM-DID和Change Model的回归结果中，控制变量均为变动值。

投资效率$EINV_{it}$在5%的水平上显著负相关，与前文结论一致。同时，本章还对工具变量的有效性进行了检验，Cragg-Donald Wald F统计量为355.400，p值为0.000，Sargan统计量的p值大于0.1，从计量经济学角度来看，该工具变量较为有效。

第三，Fixed Effects Model。本章采用固定效应模型来避免不随时间变化的公司固定因素对研究结论的影响。从表3-5中固定效应模型的回归结果可知，退出威胁OET_{it}与企业投资效率$EINV_{it}$在0.05的水平上显著负相关，支持了前文的结论。

第四，Change Model。为了解决可能存在的遗漏变量问题，本章对因变量和自变量进行一阶差分，构建如下的检验模型：

$$\Delta EINV_{it} = \varphi_0 + \varphi_1 \Delta OET_{it} + \varphi_2 \Delta Control_{it} + \varepsilon \quad (3.12)$$

其中，$\Delta EINV_{it}$为投资效率的变动值，即$EINV_{it}$与$EINV_{i,t-1}$的差额；ΔOET_{it}为退出威胁的变动值，即OET_{it}与$OET_{i,t-1}$的差额；$\Delta Control_{it}$为控制变量的变动值。从表3-5中可以发现，退出威胁的变动值与企业投资效率的变动值的回归系数显著为负，这表明退出威胁可以有效地约束企业的非效率投资，与前文结论基本一致。

3.5.5 稳健性检验

本章还从以下三个方面进行了稳健性检验：

第一，更换被解释变量的计量方法。本章参考Biddle等（2009）的方法来衡量企业投资效率，具体公式如下：

$$I_{NEW\ it+1} = \xi_0 + \xi_1 Salesgrowth_{i,t} + \varepsilon \tag{3.13}$$

其中，$I_{NEW\ it+1}$为第i个企业第t年的新增投资总额，具体的计算参考王克敏等的做法。$Salesgrowth_{i,t}$为第i个企业第t年的销售收入增长率。模型残差的绝对值为企业非效率投资水平，该值越大表示企业的投资效率越低。从表3-6的回归结果中可知，采用Biddle等（2009）模型计算投资效率的回归结果与前文完全一致。

表3-6 稳健性检验结果

变量	更换被解释变量	更换解释变量的计量方法			增加控制变量
		更换退出威胁	更换大股东竞争	更换流动性	
OET_{it}	-0.360^{***}	-0.075^{**}	-0.001^{**}	-0.011^{*}	-0.762^{***}
	(−2.644)	(−2.290)	(−2.126)	(−1.875)	(−4.035)
Control	YES	YES	YES	YES	YES
$Adj\text{-}R^2$	0.042	0.074	0.078	0.074	0.075
N	28 221	28 221	28 221	28 221	28 221

注：$^{*}p<0.10$，$^{**}p<0.05$，$^{***}p<0.01$；括号内为t值；标准误差经过了公司层面的cluster处理。

第二，更换解释变量的计量方法。首先，本章采用Dou等（2018）的方法计算退出威胁，具体为$LIQUIDITY_{it} \times \left[-1 \times \sum_{k=1}^{N}\left(\frac{Block_{k,i,t}}{Block_{it}}\right)^2\right]$。其中，$LIQUIDITY_{it}$为第i个企业第t年的股票流动性，$Block_{k,i,t}$为第i个企业第t年中第k个大股东的持股比例，$Block_{it}$为第i个企业第t年中所有大股东的持股比例之和。其次，更换大股东竞争程度的计量方法。Edmans和Holderness（2017）指出，大股东退出的有效性很大程度上取决于大股东的数量，大股东数量越多，退出的可能性越高。本章以外部大股东数量作为大股东竞争程度的代理变量，重新计算退出威胁。最后，更换流动性的计量方法。市场处于牛市周期时，股票的流动性往往较高（Næs等，2011），本章借鉴Pagan和Sossounov（2003）的方法采用波峰波谷判定法来判断牛市和熊市[①]，当股市处于牛市时，流动性$LIQUIDITY_{it}$为1，否则为0。在此基础上重新计算退出威胁，并进行回归分析。表3-6中的结果显示，更换解释变量计量方法之后，外部大股东退出威胁OET_{it}与投资效率$EINV_{it}$均为显著负相关，支持了前文的回归结果。

第三，增加控制变量。考虑到经济政策不确定性会对企业的投资行为产生重要影响（饶品贵等，2017），本章在控制变量中增加经济政策不确定性EPU，该变量为Huang和Luk（2018）编制的“经济政策不确定性指数”年度平均值的自然对数。从表3-6中的回归结果可知，在控制经济政策不确定性因素影响之后外部大股东退出威胁OET_{it}与企业投资效率$EINV_{it}$的回归结果依然显著负相关，这进一步证实了研究结论的可靠性。

3.6 作用机理分析

前文已经证实外部大股东退出威胁对企业投资效率的影响，本章进一步延续理论分析的思路，检验外部大股东退出威胁影响企业投资效率的作用机理。外部大股东退出威胁能发挥治理作用的前提是，企业管理当局关心外部大股东退出引发的股价下跌。本章预期，为了避免自身持股市值缩水和控股股东股权质押爆仓，企业管理当局在受到可置信的外部大股东退出威胁时会约束自身的私利行为，减少非效率投资。为了验证上述预期，本章构建如下检验模型：

$$EINV_{it} = \varphi_0 + \varphi_1 OET_{it} + \varphi_2 OET_{it} \times WPS_{it} + \varphi_3 WPS_{it} + \varphi_4 Control_{it} + \varepsilon \tag{3.14}$$

$$EINV_{it} = \gamma_0 + \gamma_1 OET_{it} + \gamma_2 OET_{it} \times FPS_{it} + \gamma_3 FPS_{it} + \gamma_4 Control_{it} + \varepsilon \tag{3.15}$$

其中，WPS_{it}为i公司在第t年的财富股价敏感性，具体包含管理层是否

① 牛市的主要年度有：2005—2007年、2009年、2013—2015年；熊市的主要年度有：2003—2004年、2008年、2010—2012年、2016—2017年。

持股 $WPSD_{it}$ 和管理层持股比例 $WPSR_{it}$。FPS_{it} 为 i 公司在第 t 年的融资股价敏感性，具体包含控股股东是否有股权质押 $FPSD_{it}$ 和股权质押比例 $FPSR_{it}$。表 3-7 为外部大股东退出威胁影响企业投资效率的作用机理分析结果。从表 3-7 可知，外部大股东退出威胁和财富股价敏感性的交叉项 $OET_{it} \times WPS_{it}$ 与投资效率 $EINV_{it}$ 均在 0.05 的水平上显著负相关。这表明，外部大股东退出威胁对财富股价敏感性较高的企业投资效率的影响更大。外部大股东退出威胁和融资股价敏感性的交叉项 $OET_{it} \times FPS_{it}$ 与投资效率 $EINV_{it}$ 均在 0.1 的水平上显著负相关。这意味着，在融资股价敏感性高的企业中，外部大股东退出威胁对投资效率的治理作用更显著。本章揭示了外部大股东退出威胁影响企业投资效率的作用机理，证实了外部大股东退出威胁只有在管理层较为关注股票价格时才能发挥治理作用，有益地补充了 Hope 等（2017）、Dou 等（2018）的理论文献，为后续研究退出威胁影响企业决策提供了可靠的理论依据。

表3-7 **作用机理的回归分析**

变量	财富股价敏感度		融资股价敏感度	
	$WPSD_{it}$	$WPSR_{it}$	$FPSD_{it}$	$FPSR_{it}$
OET_{it}	-0.167^{**}	-0.078^{**}	-0.146^{***}	-0.127^{***}
	(−2.500)	(−1.975)	(−3.602)	(−3.421)
$OET_{it} \times WPS_{it}$	-0.078^{**}	-0.307^{**}		
	(−2.026)	(−2.171)		
WPS_{it}	−0.002	-0.011^{**}		
	(−1.184)	(−2.495)		
$OET_{it} \times FPS_{it}$			-0.143^{*}	-0.984^{*}
			(−1.915)	(−1.683)
FPS_{it}			0.012^{***}	0.064^{***}
			(6.853)	(3.982)
Control	YES	YES	YES	YES
Adj-R^2	0.079	0.079	0.081	0.079
N	28 221	28 221	28 221	28 221

注：$^{*}p < 0.10$，$^{**}p < 0.05$，$^{***}p < 0.01$；括号内为t值；标准误差经过了公司层面的cluster处理。

3.7 基于外部大股东异质性特征的探索性分析

不同类型的外部大股东退出威胁对企业投资效率的治理效应可能会产生影响。本章按持股动机不同将外部大股东分为短期逐利型外部大股东、价值投资型外部大股东和其他动机型外部大股东。短期逐利型外部大股东主要指的是机构投资者，如公募基金、对冲基金、阳光私募、信托计划等，此类外部大股东持股时间往往较短，主要追求股票短线收益。短期逐利型外部大股东退出仅会影响公司短期的股价，随着时间的推移股价还会回归公司基本面。所以，短期逐利型外部大股东退出威胁对投资决策的影响可能较弱。不同于短期逐利型外部大股东，价值投资型外部大股东退出威胁的治理效应会更加显著。价值投资型外部大股东主要包括具有产业资本属性的法人单位、证券投资者基金、社保基金、QFII和RQFII等，主要投资价格低于内在价值的企业，持股时间较长，以追求较为固定的投资回报为目标。例如，“广发三宝”（吉林敖东、辽宁成大和中山公用）合计持有广发证券41.84%，仅在2017年就获得现金股利12.755亿元。价值投资型外部大股东更加注重的是公司的价值增长，有着较强的动机参与公司治理，确保自身的利益不受损害。价值投资型外部大股东持股时间较长，对公司内部经营管理有着较为深刻的认识，拥有的私有信息也更多。如果该外部大股东突然退出企业，这会向市场传递一个重大的利空消息，其他投资者对这种退出行为的解读往往较为负面。因此，价值投资型外部大股东的退出威胁更为有效，其发挥的公司治理作用更为显著。为了确保研究结论的可靠性，本章还以持股时间是否满三年作为标准来划分外部大股东的类型。如果外部大股东的地位连续三年或更长时间一直未发生变化，那么该外部大股东在此时段内即可被认定为长期战略型外部大股东；如果外部大股东仅连续两年或在一年存在，那么该外部大股东在此时段内即可被认定为短期逐利型外部大股东；另外，如果是2016年新进的外部大股东，则均被认定为其他型外部大股东。这主要是由于受到时间限制，无法预判该外部大股东是否会持续存在三年或以上，因此将此类外部大股东均界定为其他型外部大股东。

检验模型设计如下：

$$EINV_{it} = \eta_0 + \eta_1 SOET_{it} + \eta_2 VOET_{it} + \eta_3 Control_{it} + \varepsilon \quad (3.16)$$

其中，$SOET_{it}$为i公司在第t年的短期逐利型外部大股东退出威胁，$VOET_{it}$为i公司在第t年的价值投资型外部大股东退出威胁。在计量不同类型外部大股东的退出威胁时，将模型（3.16）的分子分别换成短期逐利型外部大股东和价值投资型外部大股东持股比例之后重新进行计算即可。

表3-8列示了不同类型外部大股东退出威胁治理效应差异的回归结果。从表3-8中可知，短期逐利型外部大股东退出威胁$SOET_{it}$与投资效率$EINV_{it}$的回归结果虽然为负，但并不显著；而价值投资型外部大股东退出威胁$VOET_{it}$与投资效率$EINV_{it}$分别在0.05和0.01的水平上显著负相关。由此表明，不同类型的外部大股东退出威胁对企业投资效率的影响存在差异，价值投资型外部大股东退出威胁的治理效应更为显著，这进一步验证了前文的逻辑推理。

表3-8 **探索性分析结果**

变量	按照持股目的分类	按照持股时间分类
$SOET_{it}$	-0.696	-0.183
	(-1.178)	(-1.092)
$VOET_{it}$	-0.029**	-0.084***
	(-2.107)	(-2.756)
Control	YES	YES
$Adj\text{-}R^2$	0.078	0.078
N	28 221	28 221

注：* $p < 0.10$，** $p < 0.05$，*** $p < 0.01$；括号内为t值；标准误差经过了公司层面的cluster处理。

3.8 本章小结

威胁是博弈主体在谈判过程中惯用的手段，在公司治理中退出威胁是外部大股东实现自身利益诉求的重要途径，现阶段国际财务与会计领域围绕退出威胁的治理作用开展了大量理论研究。基于社会心理学理论和公司治理理论，本章将退出威胁引入到公司治理领域中，希望对促进公司治理理论发展有所帮助。本章构建了企业投资决策模型，考察外部大股东在企业投资决策中的作用，通过模型推导分析了外部大股东退出威胁对企业非效率投资行为的治理作用。同时，本章以2003—2017年28 221个年度观测样本为研究对象，通过实证研究分析了外部大股东退出威胁对企业投资效率的影响机理，并基于外部大股东的特征进行了异质性分析。研究结果表明；第一，外部大股东的退出威胁对企业非效率投资有显著的约束作用，在控制了内生性问题后结论依然成立；第二，外部大股东退出威胁的治理效应主要依赖于管理层的股价敏感性。在管理层持股财富较多和控股股东股权质押较多时，外部大股东退出威胁的治理效应更显著；第三，不同类型的外部大股东退出威胁的治理效应存在差异。价值投资型外部大股东退出威胁可以对企业投资效率发挥治理作用，而短期逐利型外部大股东退出威胁的治理作用却不显著。退出威胁的理论研究方兴未艾，退出威胁治理效应的框架体系尚不健全，未来学者们可以结合中国资本市场公司治理问题的现状开展理论研究，希望对推进具有中国特色的公司治理理论建设有所帮助。

第 4 章　外部大股东退出威胁与企业创新

4.1　研究问题的提出

创新是确保企业占据市场领先地位的重要方式，是企业推动宏观经济持续发展的不竭动力，如何促进企业创新一直是学术界和实务界较为关注的热点话题。企业创新活动具有投入长期性和收益不确定性的特征，这就使得企业管理当局在制定创新决策时需要考虑多方利益。特别是像中国这样的新兴资本市场国家，两类代理问题并存于公司治理框架中，企业创新决策的影响因素更为错综复杂。已经有文献分别从两类代理问题视角出发考察了企业创新的影响因素，研究发现管理层的短视行为和控股股东的掏空行为均会对企业创新产生负面的影响，此时如何来约束管理层和控股股东的私利行为值得思考。

外部大股东是我国资本市场中一股不可忽视的力量。按照《上市公司股东、董监高减持股份的若干规定》（证监会公告〔2017〕9号）的表述：上市公司控股股东和持股5%以上股东并称大股东，本章的大股东是指持股5%以上的股东。外部大股东是指持股5%以上，且不是管理层和家族企业成员的外部大股东。另外，《上市公司收购管理办法》第13条规定："通过证券交易所的证券交易，投资者及其一致行动人拥有权益的股份达到一个上市公司已发行股份的5%时，应当在该事实发生之日起3日内编制权益变动报告书，向中国证监会、证券交易所提交书面报告，通知该上市公司，并予公告"。《中华人民共和国证券法》第51条规定："证券交易内幕信息的知情人包括：持有公司百分之五以上股份的股东及其董事、监事、高级管理人员，公司的实际控制人及其董事、监事、高级管理人员。"上述法律法规均以持股5%作为临界点进行了细分，这也表明持股超过5%的股东可以对企业的经营管理产生重要的影响。学术界也有类似的做法，如Bharath等（2013）、李增泉（2017）。另外，也有部分文献以持股10%作为界定大股东的标准，如Laeven和Levine（2008）、姜付秀等（2015）。这种过于严苛的划分方式忽视了持股5%至10%的大股东在公司经营决策中的重要作用，不符合经济现实[①]。以2018年年底的数据为例，A股上市公司有66.582%的（2 375家）上市公司存在外部大股东，合计持股市值高达4.907万亿元。我国历来鼓励上市公司形成多个大股东的股权结构，《上市公司治理准则》就提倡"注重建立合理制衡的股权结构"。不同于中小股东的"搭便车"行为，外部大股东由于持股比例较高和持股市值较大往往会积极参与公司决策，以此来维护自身的合法利益。

外部大股东传统的治理链条为"用手投票→用脚投票"：首先通过投票、提交议案等方式来维护自身利益诉求，当"用手投票"无效时才会选择"用脚投票"。Belloc（2013）、Parrino等（2003）和李姝等（2018）已经证实外部大股东可以通过"用手投票"和"用脚投票"的方式来影响企业创新。近期国际财务和会计学界围绕退出威胁取得了一系列的研究成果，退出威胁治理理论认为大股东退出威胁可以有效地缓解委托代理问题（Hope等，2017；Dou等，2018）。当"用手投票"无效时，外部大股东会采取其他措施来维护自身利益。在"用脚投票"之

① 为了确保研究结论的可靠性，本书在稳健性检验中以10%作为大股东的界定标准，进行了重新计量，回归结果并未出现实质性变化。

前外部大股东往往会先释放“退出威胁”，作为与控股股东和管理层进行“讨价还价”的筹码，当“退出威胁”无效时才“用脚投票”。因此，大股东发挥治理作用的链条由传统的“用手投票→用脚投票”拓展为“用手投票→退出威胁→用脚投票”。在现实的经济生活中，也有众多案例能诠释外部大股东的治理链条。例如，2011年12月重庆啤酒的外部大股东大成基金要求上市公司披露乙肝疫苗研发的信息，但是并未得到上市公司的积极响应。随后大成基金就向重庆啤酒董事会发送《关于提议重庆啤酒股份有限公司董事会召开临时股东大会的函》，指出重庆啤酒涉嫌信息披露违规，要求审议免除董事长黄明贵的董事职务。大成基金还在资本市场中隔空喊话“不换董事长，我们就退出”，通过退出威胁来向重庆啤酒董事会施压。但是事与愿违，在2012年2月的临时董事会中大成基金的议案被否，大成基金随之抛售持有的全部股票，进一步引发重庆啤酒股价迅速下跌。与公司治理实践相脱节的是，学术界的理论研究更多的是从“用手投票”和“用脚投票”的角度考察外部大股东对公司治理的影响，而外部大股东退出威胁相关的文献则较为少见。外部大股东和企业决策层之间的“讨价还价”行为属于重大交易信息或内幕信息，第三方很难获取相关的信息，因此出现了理论与实践相脱节的异象[①]。

“威胁与交流”是十大经典社会心理学研究课题之一，Deutsch和Krauss（1962）考察了个体在讨价还价中如何与对方交流，以及如何通过威胁手段来达到目的。Shomer等（1966）、Gladstein和Reilly（1985）的研究均表明，在博弈的过程中威胁是一种有效的沟通手段，有助于促进谈判达成共识。本章将社会心理学中的“威胁”引入公司治理研究中，从企业创新的角度出发探讨了外部大股东退出威胁的公司治理效应，检验了外部大股东退出威胁影响企业创新的作用机理，并考察了放松卖空管制和加强大股东减持管制等流动性外生冲击对退出威胁公司治理效应的调节作用。研究发现，外部大股东退出威胁可以有效地促进企业创新，这种影响主要是通过减少控股股东掏空行为来实现的。不同类

① 作者通过走访上市公司、投资公司、基金公司发现，外部大股东通过退出威胁来实现其利益诉求的行为真实存在于资本市场中，而且较为普遍，但是由于难以直观地观测到这些退出威胁行动，导致学术界对退出威胁的治理效应关注不足。

型外部大股东退出威胁的治理效应存在差异，长期战略型外部大股东退出威胁的治理效应更显著，而短期逐利型外部大股东退出威胁的治理效应则较弱。放松卖空管制可以增强退出威胁对企业创新的积极作用，而加强大股东减持管制则起相反作用。

本章的边际贡献表现在以下三个方面：第一，丰富了企业创新的影响因素研究文献。现有文献从大股东战略干预（李姝等，2018；张峰和杨建君，2016）、大股东数量（Tribo等，2007）和非控股股东参与决策（Parrino等，2003）等视角考察了大股东"用手投票"策略对企业创新的影响，Parrino等（2003）则分析大股东"用脚投票"策略对企业创新的影响。现有文献较为重视"用手投票"和"用脚投票"的治理作用，而对退出威胁的治理效应关注不足。本章基于社会心理学，从外部大股东退出威胁的角度考察企业创新的影响因素，实现了心理学和公司治理跨学科的有机融合，这对全面理解企业创新决策有着积极的作用。第二，丰富了退出威胁经济后果的理论研究，有助于构建"本土化"退出威胁治理理论的研究框架。传统文献更多的是从控制权私利（姜付秀等，2015；Hope等，2017）、代理成本（Admati和Pfleiderer，2009）、公司价值（Bharath等，2013）和超额收益（Edmans等，2013）等视角考察退出威胁的经济后果，鲜有文献能考察外部大股东退出威胁对企业创新的影响。本章证实了外部大股东对企业创新的积极作用，这是对芝加哥学派奉行的"股东积极主义"观点的有益补充（Brav等，2008；Bebchuk等，2015；Becht等，2017）。同时，本章从两类代理冲突视角出发，揭示了外部大股东退出威胁对企业创新的影响机理，考察了外生流动性冲击对退出威胁治理效应的调节作用，这极大地拓宽了"本土化"退出威胁治理理论的研究范畴。第三，本章的研究结论正面回答了Edmans（2014）关于大股东是否能影响公司价值的疑问。Edmans（2014）指出，虽然大股东在公司治理中发挥了一定的作用，但是现有的文献并未能提供大股东影响公司价值的可靠证据。本章研究发现外部大股东退出威胁可以促进企业的研发投入和产生，揭示了资本市场压力传导到实体经济的路径，从侧面验证了外部大股东对公司价值产生的积极作用，对解答Edmans（2014）的疑问有着重要的意义。

4.2 文献回顾与理论分析

4.2.1 文献回顾

（1）企业创新的影响因素研究

基于Teece（1996）的企业创新决定因素理论框架，本章主要从企业自身因素和外部环境两个维度来分析企业创新的影响因素。

一方面，企业自身因素。第一，公司治理层面。在委托代理理论框架下，已经有文献证实独立董事（Balsmeier等，2017）、机构投资者（Aghion等，2013）、双股制（石晓军和王骜然，2017）、董事会友好程度（Kang等，2018）、股权制衡（左晶晶等，2013）、高管契约（González-Uribe和Groen-Xu，2017）等公司治理因素对企业创新行为具有积极的影响。还有部分文献从大股东视角出发研究发现，大股东战略干预（张峰和杨建君，2016）、大股东数量（Tribo等，2007）和非控股股东机会主义（Belloc，2013）会抑制企业创新活动，而大股东退出（Parrino等，2003）和非控股股东参与决策（李姝等，2018）则会促进企业创新活动。现有的研究结论表明，大股东主要通过"用手投票"和"用脚投票"两种手段来影响企业的创新决策，尚未有文献考察"退出威胁"在企业创新中的作用。第二，高管特征层面。学者们基于高阶理论指出，高管特征属性会对企业的创新活动产生重要影响。现有文献发现，过度自信（Galasso和Simcoe，2011）和热衷冒险（Sunder等，2017）的CEO以及具有海外背景（宋建波和文雯，2016）、技术专长（胡元木和纪端，2017）的董事均有助于促进企业创新，这对深入了解企业创新决策背后的动因有着积极的作用。

另一方面，外部环境。第一，经济政策不确定性。Atanassov等（2015）和顾夏铭等（2018）认为经济政策不确定性对企业创新发挥着积极的作用。与此不同的是，基于实物期权理论和政府干预理论，郝威亚等（2016）、陈德球等（2016）则发现了经济政策不确定性抑制企业创新的证据。第二，产业政策。余明桂等（2016）研究指出产业政策可以促进企业创新活动，该观点得到了Wang（2018）的验证。第三，法律与金融环境。基于法与金融理论，已经有文献发现解雇法、破产法和物权法可以促进企业创新（Acharya等，2013；姜军等，2017），而反收购法却会抑制企业创新（Atanassov，2013）。Brown等（Brown等，2013）、吴超鹏和唐菂（2016）指出知识产权保护和股东保护有助于企业研发创新。解维敏和方红星（2011）认为银行业的市场化改革可以推动企业创新，而Cornaggia等（2015）则指出银行业竞争会降低企业创新。由此可知，在法与金融理论框架下，法律与金融环境对企业创新的影响仍存在争议。

（2）大股东治理效应研究

首先，用手投票。已经有众多文献考察了大股东“用手投票”的公司治理效应，具体如提交议案（Gillan和Starks，2000）、策略性投票（Bebchuk，2015）、协商谈判（Shleifer和Vishny，1997）、提议更换管理层（Helwege等，2012）、获取董事会席位（祝继高等，2015）等方式。大股东的监督可以缓解企业融资约束（姜付秀等，2017），降低债务融资成本（王运通和姜付秀，2017）、股价崩盘风险（姜付秀等，2018），减少关联交易、资金占用（Pagano和Röell，1998；Bloch和Hege，2003）和控股股东私利行为（Gutiérrez和Pombo，2009），促进企业技术创新（李姝等，2018），最终实现价值增长。

其次，用脚投票。大股东的“用脚投票”行为会向市场传递负面的信息，引发股票价格的下跌，进而发挥公司治理作用。McCahery等（2016）在对118家全球机构投资者的调查中发现，当不满意企业业绩时，有80%的机构投资者会将退出策略作为首选的治理机制。Parrino等（2003）和Gopalan（2005）发现大股东退出会增加高管被强制变更和公司被并购的概率，这为退出机制发挥公司治理作用提供了直接的经验证据。整体而言，大股东采用“用手投票”和“用脚投票”两种治理方式是相互补充和相互促进的。基于特定的环境，大股东会出于成本收益的考虑而选择具体的治理方式。

最后，退出威胁。在现实公司治理活动中，大股东可信的退出威胁也可以有效地发挥治理作用，而并不需要真正退出企业。作为知情交易者，大股东掌握着较多的公司私有信息，这种信息优势会对资本市场中公司的股票价格产生重要影响。基于这个前提，Palmiter（2001）指出大股东可以通过威胁管理层“卖出持有的股票并导致公司股价下跌”来影响企业决策。而且在有多个大股东或股票流动性较强的情况下，这种退出威胁发挥的作用更大（Edmans和Manso，2011）。在理论研究中，Admati和Pfleiderer（2009）通过模型推导发现在管理层出于私利做出“坏决策”时，大股东退出威胁可以降低股东与管理层之间的代理成本。在实证研究中，Bharath等（2013）和Edmans等（2013）找到了大股东退出威胁可以提高公司价值和超额市场收益的证据。Hope等（2017）、Dou等（2018）和姜付秀等（2015）则发现大股东退出威胁可以抑制控制权私利行为和提高企业盈余质量。现有文献初步证实了大股东退出威胁的公司治理效应，这给后续的公司治理研究提供了有益的启示。

（3）现有研究评述

学术界主要从宏观层面和微观层面寻找企业创新的影响因素，取得了丰硕的研究成果，这对理解企业创新行为有着重要的意义。已经有部分学者察觉到大股东在企业创新中的作用，但是这些文献更多地是从“用手投票”和“用脚投票”的角度来进行分析，而对于“退出威胁”的治理作用关注不足。退出威胁是大股东博弈常用的手段，但是由于难以直接观察导致学术界相关研究成果较少。近年来，随着Hope等（2017）、Dou等（2018）和姜付秀等（2015）的深入研究，外部大股东退出威胁的公司治理效应正在逐渐被证实，这为公司治理研究提供了一个新颖的视角。公司治理与企业创新紧密相关，控股股东的掏空行为会对企业创新产生负面的影响。退出威胁的公司治理效应可以缓解企业的第二类代理冲突，理论上应该可以促进企业创新，但是目前学术界还没有文献从退出威胁的视角来考察外部大股东对企业创新的影响机理，这为本研究提供了一个难得的机会。

4.2.2 理论分析与研究假设

一方面，动机分析。本章认为外部大股东有动机促使企业从事创新活动。相对于控股股东和管理层而言，外部大股东面临着的信息不对称问题更为严重。为了避免自己的合法权益受到侵害，外部大股东愿意参加公司治理。由于外部大股东持有较多的股票，能够获得公司价值提升所带来的收益，以此来弥补监督成本（Shleifer等，1986）。因此，外部大股东有动机积极参与公司治理，而并不会像中小股东那样选择“搭便车”。外部大股东持股的最终目的是在企业价值提升后通过股权转让的方式退出，进而获得超额投资收益。此时，企业的价值增长对外部大股东而言尤为重要。创新是企业价值评估的重要指标，创新能力和创新绩效较强的公司往往市场估值较高（Hsu和Ziedonis，2013）。外部大股东更加关注能保证公司未来持续收益的长期项目，所以对公司的创新战略较为支持（Hill和Snell，1988）。因为企业创新可以促进公司价值的可持续增长，这对外部大股东持股市值的提升有着积极的作用。基于此，外部大股东出于自身投资收益的考虑，有动机推动企业的创新决策。

另一方面，影响机理分析。本章认为外部大股东退出威胁可以减少控股股东掏空行为来促进企业创新。正如Jaskiewicz等（2017）所言，虽然大股东能够有效地监督管理者，但是这不意味着所有大股东都有着相同的目标，如控股股东有时会侵占其他股东的利益。在中国这样的新兴资本市场中，第二类委托代理冲突尤为突出，控股股东掏空上市公司的事件时有发生（Djankov等，2008）。控股股东会利用自身的控制权优势和信息优势，掏空上市公司的资源（Liu等，2015；Jiang等，2010）。而企业创新需要有长期的、持续的资金和人力投入，对企业的资源配置能力有着较高的要求。控股股东的机会主义行为会掏空企业有限的资源，使得企业创新所需的资源匮乏（Bebchuk和Stole，1993）。外部大股东的退出威胁可以有效地遏制控股股东对上市公司的掏空（Lu等，2017；Biddle等，2009；陈克兢，2019），减少大股东占款、利益输送等行为，有利于保证企业创新的资金需求，进而推动企业创新活动的开展。基于此，本章提出如下假设：

研究假设4-1：外部大股东退出威胁可以有效地促进企业创新。

4.3 研究设计

4.3.1 样本选择与数据来源

本章以2010—2018年沪深两市A股上市公司为样本，删除ST公司、数据缺失公司、金融行业公司和财务数据异常公司，最终得到21 792个公司年度观测样本。书中所涉及的数据均来自Wind中国金融数据库和CSMAR数据库。其中，针对创新数据缺失的问题，本章通过查阅上市公司财务年报附注中“研发支出”和管理费用科目下的“研发支出”予以了手工补充。经过补充，参考Atanassov等（2015）、陈怡欣等（2018）的做法，本章将创新数据仍然缺失的样本赋值为0。考虑到这种做法可能存在偏误，本章在后续检验中分别采用Heckman两阶段模型和删除创新数据为0的样本等两种方法进行了再检验，以此确保研究结论的可靠性。为了排除极端值的影响，本章对所有连续型变量进行了1%和99%的Winsorize缩尾处理。

4.3.2 变量定义与计量

（1）被解释变量

企业创新Innovation：企业创新可以从创新投入和创新产出两个维度来衡量。一方面，创新投入R&D，本章采用企业创新投入/营业收入来衡量创新投入；另一方面，创新产出Patent，本章借鉴Gustavo（2011）、He和Tian（2016）的做法，采用Ln（申请专利总数+1）衡量企业创新产出。

（2）解释变量

退出威胁ET：Admati和Pfleiderer早在2009年就通过理论模型分析了大股东退出威胁的公司治理作用，但是由于退出威胁难以客观地计量，导致学术界在退出威胁领域方面的研究停滞不前。目前关于退出威胁的计量主要有三种方法：第一，Hope等（2017）借助股权分置改革来间接地衡量退出威胁，采用双重差分模型来分析退出威胁的治理作用。Hope

等（2017）认为股权分置改革前存在持股超过3%的非管理层大股东时，退出威胁TREAT取值为1。这种做法仅考虑了股权分置改革前企业的股权结构，而忽视了在股权分置改革之后外部大股东发生变动的情况，这就使得退出威胁的计量可靠性受到质疑。第二，姜付秀等（2015）将完成股权分置改革企业的退出威胁赋值为1，否则为0。姜付秀等（2015）认为股权分置改革加强了大股东财富与股票价格的关联性，也为大股东的退出提供了可能。考虑到我国大部分上市公司在2006年年底前基本完成了股权分置改革，按照姜付秀等（2015）的计量方法，2006年以后样本的退出威胁均为1，由此就忽视了完成股权分置改革企业之间的退出威胁差异。因此，本章在此未采用该方法来衡量退出威胁。第三，Dou等（2018）认为退出威胁主要受到股票的流动性和大股东竞争程度的影响，股票流动性越强、大股东竞争越激烈，企业面临的退出威胁越大。相对于前两种方法而言，Dou等（2018）的方法更为合理。因此，本章最终借鉴Dou等（2018）的做法，以流动性LIQUIDITY和大股东竞争程度BHCOMP的乘积作为退出威胁的代理变量[①]。具体的计量公式如下：

$$ET_{it} = LIQUIDITY_{it} \times BHCOMP_{it} \tag{4.1}$$

其中，LIQUIDITY为流通股日均换手率。

$$BHCOMP_{it} = -1 \times \sum_{k=1}^{N}\left(\frac{Block_{k,i,t}}{Block_{it}}\right)^2 \tag{4.2}$$

其中，$BHCOMP_{it}$为第i个企业第t年大股东的竞争程度。$Block_{k,i,t}$为第i个企业第t年中第k个大股东的持股比例；[②]$Block_{it}$为第i个企业第t年中所有大股东的持股比例之和。此处，所有的持股比例均为流通股比例。BHCOMP的构建思路类似于赫芬达尔指数（Herfindahl Index），$\sum_{k=1}^{N}\left(\frac{Block_{k,i,t}}{Block_{it}}\right)^2$越大表示企业股权集中度越高，控股股东与外部大股东之间的竞争程度

① Dou等（2018）认为退出威胁能否发挥作用需要同时考虑退出的影响力（大股东竞争程度）和可能性（股票流动性）。外部大股东在公司股权结构中的占比越大，退出威胁的影响力越强；该公司股票的流动性越高，外部大股东实现退出的可能性越大。当公司的外部大股东竞争力和公司股票流动性均较强时，外部大股东发出退出威胁信息是较为有效和可信的。

② 由于存在关联关系，股东会通过直接、间接的方式结成事实上的“一致行动人”，在这种情况下投票权往往归属于一个大股东。所以，本书在数据处理时将“一致行动人”的持股进行汇总，进而判断其是否符合外部大股东的界定标准。同时，正如Dou等（2018）所言，管理层和董事持股不会通过退出威胁来影响企业创新，所以此类情况本书在计算大股东竞争时已排除在外。

越低。经过相反数处理之后，BHCOMP值越大表明外部大股东在公司股东中的竞争力越强，其退出威胁的影响力也就越大。

（3）控制变量

借鉴Balsmeier等（2017）、Fang等（2014）、孔东民等（2017）的研究，控制变量设定如下：企业规模（Size）、偿债能力（Lev）、成长性（Growth）、自由现金流（FCF）、盈利能力（ROE）、上市年龄（Age）、董事会规模（Dsize）、独董比率（Dir）、监事会规模（Ssize）、股权集中度（Top1）、两职合一（PLU）、企业性质（SOE）、年度虚拟变量（Year）、行业虚拟变量（Ind），具体见表4-1。

表4-1 **变量定义与描述**

变量类型	变量名称	变量符号	变量定义
因变量	企业创新	Innovation	包含创新投入R&D和创新产出Patent
	创新投入	R&D	企业创新投入/营业收入
	创新产出	Patent	Ln（申请专利总数+1）
自变量	退出威胁	ET	流动性与大股东竞争程度的乘积LIQUIDITY×BHCOMP
控制变量	企业规模	Size	总资产的自然对数
	偿债能力	Lev	总负债/总资产
	成长性	Growth	(t期营业收入-（t-1）期营业收入）/（t-1）期营业收入
	自由现金流	FCF	自由现金流净值/总资产
	盈利能力	ROE	净资产收益率，税后利润/所有者权益
	上市年龄	Age	上市年龄的自然对数
	董事会规模	Dsize	董事会总人数的自然对数
	独董比率	Dir	独董人数/董事会总人数
	监事会规模	Ssize	监事会总人数的自然对数
	股权集中度	Top1	第一大股东持股比例
	两职合一	PLU	董事长兼任总经理时为1，否则为0
	企业性质	SOE	企业为国有企业时为1，否则为0
	年度虚拟变量	Year	控制年度效应
	行业虚拟变量	Ind	控制行业效应

4.3.3 检验模型设计

本章设计检验模型（4.3）来分析外部大股东退出威胁对企业创新的影响，具体如下：

$$\begin{aligned} Innovation_{it} = {} & \alpha_0 + \alpha_1 ET_{it} + \alpha_2 Size_{it} + \alpha_3 Lev_{it} + \alpha_4 Growth_{it} + \alpha_5 FCF_{it} + \alpha_6 ROE_{it} \\ & + \alpha_7 Age_{it} + \alpha_8 Dsize_{it} + \alpha_9 Dir_{it} + \alpha_{10} Ssize_{it} + \alpha_{11} Top1_{it} + \alpha_{12} PLU_{it} \\ & + \alpha_{13} SOE_{it} + \sum Year_{it} + \sum Ind_{it} + \varepsilon \end{aligned} \quad (4.3)$$

其中，Innovation为企业创新情况，具体包含创新投入R&D和创新产出Patent；ET为外部大股东退出威胁。如果外部大股东退出威胁ET的回归系数α_1显著为正，则说明退出威胁有助于推动企业创新，本章的假设1将得以证明。值得注意的是，企业创新活动具有长期性特征，特别是专利的申请需要一个较长的时间，因此外部大股东退出威胁对企业创新的影响可能具有滞后效应。为了确保研究结论的可靠性，本章在后续研究中考察了退出威胁对T+1期、T+2期和T+3期企业创新活动的影响。

4.4 实证结果与分析

4.4.1 描述性统计分析

表4–2为本章主要变量的描述性统计分析结果。从表4–2中数据可知，企业创新投入的平均值为0.022，即企业将2.2%的营业收入用于创新投入，这与权小锋和尹洪英的发现基本相同；企业创新产出的平均值为0.402，根据原始专利数据，企业年平均申请专利6.486项。外部大股东退出威胁ET的平均值为–0.016，而最小值和最大值分别为–0.100和–0.001，这表明不同企业的退出威胁存在着较大的差异。另外，本章还分别采用Pearson和Spearman相关性检验，分析变量之间的多重共线性问题。相关性检验的结果显示，本章变量之间的相关系数均远小于0.6，这说明变量之间不存在多重共线性问题。限于篇幅有限，在此未能详细列示相关性检验的结果。

表4-2　　　　主要变量的描述性统计分析

变量	N	Mean	SD	Min	p25	Median	p75	Max
R&D	21 792	0.022	0.035	0.000	0.000	0.005	0.035	0.198
Patent	21 792	0.402	1.168	0.000	0.000	0.000	0.000	5.361
ET	21 792	-0.016	0.018	-0.100	-0.020	-0.010	-0.005	-0.001
Size	21 792	21.822	1.274	19.255	20.900	21.672	22.561	25.726
Lev	21 792	0.446	0.214	0.057	0.280	0.439	0.601	0.902
Growth	21 792	0.190	0.407	-0.636	-0.001	0.129	0.298	2.470
FCF	21 792	-0.124	0.275	-1.415	-0.169	-0.023	0.029	0.194
ROE	21 792	0.062	0.130	-0.671	0.027	0.068	0.117	0.365
Age	21 792	2.024	0.926	0.000	1.386	2.197	2.833	3.219
Dsize	21 792	2.302	0.271	1.609	2.197	2.303	2.485	3.045
Dir	21 792	0.338	0.112	0.000	0.333	0.333	0.400	0.571
Ssize	21 792	1.370	0.342	0.693	1.099	1.099	1.609	2.398
Top1	21 792	0.353	0.151	0.103	0.233	0.329	0.454	0.750
PLU	21 792	0.267	0.442	0.000	0.000	0.000	1.000	1.000
SOE	21 792	0.481	0.500	0.000	0.000	0.000	1.000	1.000

4.4.2 单因素分析

本章采用T检验和Wilcoxon Z检验考察了不同退出威胁样本组之间变量的差异。以退出威胁ET的平均值作为标准将样本分为高退出威胁样本组和低退出威胁样本组。表4-3为单变量分析结果，从表4-3中发现高退出威胁样本组的创新投入的平均值和中位数分别高出低退出威胁样本组0.010和0.015，这种组间差异均在0.01的水平上显著；同理，高退出威胁样本组的创新产出也显著高于低退出威胁样本组，均在0.01的水平上显著。这表明，退出威胁越高企业的创新投入和产出越高，初步验证了本章的假设4-1。

表4-3　**单变量分析结果**

变量	高退出威胁样本组		低退出威胁样本组		T test	Wilcoxon Z
	平均值	中位数	平均值	中位数		
R&D	0.028	0.015	0.018	0.000	0.009***	0.015***
Patent	0.409	0.000	0.398	0.000	0.011***	0.000***
Size	21.954	21.805	21.557	21.411	0.397***	0.394***
Lev	0.438	0.426	0.450	0.446	−0.012***	0.020***
Growth	0.190	0.134	0.190	0.126	0.000	0.008**
FCF	−0.181	−0.053	−0.095	−0.013	−0.086***	−0.040***
ROE	0.063	0.072	0.061	0.066	0.002	0.006***
Age	1.659	1.792	2.206	2.398	−0.547***	−0.606***
Dsize	2.278	2.197	2.314	2.303	−0.036***	−0.106***
Dir	0.339	0.333	0.338	0.333	0.001	0.000
Ssize	1.341	1.099	1.385	1.386	−0.044***	−0.287***
Top1	0.361	0.341	0.348	0.322	0.013***	0.019***
PLU	0.327	0.000	0.237	0.000	0.091***	0.000***
SOE	0.460	0.000	0.492	0.000	−0.032***	−0.000***

注：* $p < 0.10$，** $p < 0.05$，*** $p < 0.01$。

4.4.3　多元回归分析

从表4-4的回归结果可知，外部大股东退出威胁ET与企业创新投入R&D在0.01的水平上显著正相关，回归系数为0.101。这说明外部大股东退出威胁越高的企业，其在创新活动中的投入越大，支持了本章的假设4-1。另外，外部大股东退出威胁ET与企业创新产出Patent在0.01的水平上显著正相关，回归系数为1.600，这表明外部大股东退出威胁的增加有助于促进企业的创新产出，同样支持了本章的假设4-1。考虑到外部大股东退出威胁影响企业创新可能存在滞后效应，本章借鉴江轩宇等（2017）的做法，分别以未来1年、2年和3年的创新投入和产出作为因变量进行重新检验。从表4-4可知，外部大股东退出威胁ET与T+1期、T+2期和T+3期的企业创新均在0.01的水平上显著正相关，这说明退出威胁对企业未来的创新产出也有着积极的推动作用，进一步证实了本章结论的可靠性。非常有趣的是，退出威胁与不同期企业创新的回归系数呈现出明显的变化趋势：退出威胁对企业创新投入R&D的影响系数从0.101减少到0.029，而对创新产出Patent的影响系数则从1.600增加到2.227。该现象的经济学意义在于，随着时间的推移退出威胁对企业创新投入的影响逐渐减弱，而对创新产出的影响却逐渐增强。

表4-4 **外部大股东退出威胁与企业创新的回归结果**

变量	T期		T+1期		T+2期		T+3期	
	R&D	Patent	R&D	Patent	R&D	Patent	R&D	Patent
ET	0.101***	1.600***	0.042**	1.833**	0.034**	2.014**	0.029*	2.277**
	(5.344)	(2.698)	(2.064)	(2.048)	(2.016)	(2.348)	(1.750)	(2.473)
Control	YES	YES	YES	YES	YES	YES	YES	YES
Adj-R^2	0.313	0.056	0.296	0.047	0.295	0.051	0.344	0.052
N	21 792	21 792	16 603	16 603	13 373	13 373	10 516	10 516

注：* $p < 0.10$，** $p < 0.05$，*** $p < 0.01$；括号内为t值；标准误差经过了公司层面的cluster处理。

学术界对外部大股东所发挥的作用也存在争议："股东积极主义"学派认为外部大股东可以通过向管理层施加压力来解决现代企业的代理问题和道德风险问题，支持该学派观点的有Bebchuk等（2015）和Becht等（2017）；"股东机会主义"学派认为外部大股东会与企业管理层和控股股东合谋分享控制权私有收益，支持该学派观点的有Gomes和Novaes（2006）、Laeven和Levine（2008）。2015年"万宝之争"事件引发了人们的思考：外部大股东到底是"野蛮人"还是"白衣骑士"？本章从企业创新角度出发，发现外部大股东可以通过退出威胁来促进企业创新，这表明外部大股东能够发挥公司治理的作用，从侧面支持了"股东积极主义"学派的论断。

4.4.4 内生性检验

针对研究过程中可能存在的内生性问题，本章采用五种方法予以控制，具体如下：

（1）Granger因果检验

本章研究结论可能存在反向因果关系，即创新投入和产出好的企业在资本市场中往往受到热捧，愿意购买该公司股票的外部大股东较多，而且股票的流动性也较高，进而导致公司外部大股东退出威胁较大。为了排除这种反向因果关系对本章结论的影响，本章参考刘行等（2016）的类似研究，采用Granger因果检验做了进一步分析。表4-5的数据显示，滞后一期的外部大股东退出威胁ET_{t-1}的回归系数均显著为正，这与预期一致。而滞后一期的企业创新投入$R\&D_{t-1}$和企业创新产出$Patent_{t-1}$的回归系数均不显著。综合而言，Granger因果检验的结论表明，当期的外部大股东退出威胁可以影响企业未来的创新行为，但是当期的企业创新并不能影响未来的外部大股东退出威胁。由此可以判断，反向因果关系并不能解释本章结论。出于稳健性考虑，本章还采用滞后两期的变量进行了重新检验，结论没有发生本质上的变化。

表4-5 Granger因果检验结果

变量	$R\&D_t$	$Patent_t$	ET_t	ET_t
ET_{t-1}	0.025**	0.740**	0.402***	0.401***
	(1.993)	(2.354)	(44.230)	(44.110)
$R\&D_{t-1}$	0.584***		0.009	
	(43.327)		(0.709)	
$Patent_{t-1}$		0.375***		−0.000
		(22.785)		(−0.003)
Control	YES	YES	YES	YES
Adj-R^2	0.516	0.183	0.405	0.405
N	16 603	16 603	16 603	16 603

注：* $p < 0.10$，** $p < 0.05$，*** $p < 0.01$；括号内为t值；标准误差经过了公司层面的cluster处理。

（2）倾向得分匹配法（PSM）

企业外部大股东退出威胁程度并非一成不变，有819个观察样本从“无退出威胁”到“有退出威胁”，有629个观察样本从“有退出威胁”

到“无退出威胁”[①]。这些发生质变的样本可以更为有效地解释退出威胁对企业创新产生的影响。部分观察样本从“无退出威胁”到“有退出威胁”，按照前文的理论逻辑，在此情况下企业的创新投入和产出应该有显著的提升；而部分观察样本从“有退出威胁”到“无退出威胁”，此时企业的创新投入与产出应该有显著的降低。基于此，本章采用倾向得分匹配法来寻找发生质变样本的对照组，重新构建样本组来检验退出威胁对企业创新的影响。具体的匹配变量为企业规模（Size）、偿债能力（Lev）、成长性（Growth）、自由现金流（FCF）、盈利能力（ROE）、上市年龄（Age）、董事会规模（Dsize）、独董比率（Dir）、监事会规模（Ssize）、股权集中度（Top1）、两职合一（PLU）、企业性质（SOE）、每股收益（EPS）、高新技术企业（HighT）、企业市值（EV）、股利支付率（Divp）。其中，EPS为净利润/股本总数；按照国家统计局高技术产业分类标准，当企业属于高新科技企业时HighT为1，否则为0；EV为ln（股票市值+净债务）；Divp为每股股利/每股净收益。本章计算出倾向得分，采用无放回的一对一匹配来寻找对应的对照组。本章构建如下的检验模型：

$$\Delta Innovation_{it} = \beta_0 + \beta_1 ET\_wy_{it} + \beta_2 Control_{it} + \sum Year_{it} + \sum Ind_{it} + \varepsilon \tag{4.4}$$

$$\Delta Innovation_{it} = \chi_0 + \chi_1 ET\_yw_{it} + \chi_2 Control_{it} + \sum Year_{it} + \sum Ind_{it} + \varepsilon \tag{4.5}$$

其中，ΔInnovation为企业创新的变动值；ET_wy为哑变量，当样本从无退出威胁到有退出威胁时为1，否则为0；ET_yw为哑变量，当样本从有退出威胁到无退出威胁时为1，否则为0。Control为哑变量，同模型（4.3）。

从表4-6可知，ET_wy与增量创新投入ΔR&D和增量创新产出ΔPatent的回归系数均在0.05的水平上显著为正，这表明新增的退出威胁的确有助于推动企业创新。ET_yw与增量创新投入ΔR&D的回归系数在0.01的水平上显著为负，与增量创新产出ΔPatent的回归系数为负却不显著。这说明在一定程度上，企业外部大股东退出威胁的丧失不利于企业的创新活动。整体而言，支持了本章的研究假设4-1。

① 此处的“无退出威胁”指的是该观察样本的大股东中没有外部大股东，所以不存在外部大股东退出威胁。

表4-6 其他四种内生性检验结果

变量	PSM				Heckman两阶段模型		Change模型		固定效应模型	
	ΔR&D	ΔPatent	ΔR&D	ΔPatent	R&D	Patent	ΔR&D	ΔPatent	R&D	Patent
ET_wy	0.002^{**}	0.106^{**}								
	(1.984)	(2.497)								
ET_yw			-0.003^{***}	-0.026						
			(-2.735)	(-1.325)						
ET					0.096^{***}	8.106^{***}			0.161^{***}	1.153^{*}
					(2.616)	(3.195)			(10.597)	(1.894)
ΔET							0.099^{***}	1.857^{**}		
							(5.785)	(2.401)		
Control	YES	YES	YES	YES	YES	YES	YES	YES	YES	YES
Adj-R^2/Wald Chi2	0.257	0.059	0.285	0.051	5 146.810	841.440	0.308	0.036	0.279	0.037
N	1 638	1 638	1 258	1 258	21 792	21 792	16 603	16 603	21 792	21 792

注：* $p < 0.10$，** $p < 0.05$，*** $p < 0.01$；括号内为t值；标准误差经过了公司层面的cluster处理。Change模型回归结果中，控制变量均为变动值。限于篇幅，表中未列示Heckman一阶段回归结果。

（3）Heckman两阶段模型

本章可能会存在样本选择偏误（Sample Selection Bias），即投资者在选取投资标的时往往偏好于技术创新较好的企业，选择此类企业的投资者越多，企业的外部大股东退出威胁越大。为了避免样本选择对研究结论的影响，本章采用Heckman两阶段模型进行重新检验。

第一阶段，构建外部大股东退出威胁决定因素模型，采用Probit回归估计，计算出逆米尔斯比率IMR。具体模型如下：

$$\begin{aligned} DET_{it} = {} & \delta_0 + \delta_1 Size_{it} + \delta_2 Lev_{it} + \delta_3 Growth_{it} + \delta_4 FCF_{it} + \delta_5 ROE_{it} + \delta_6 Age_{it} \\ & + \delta_7 Dsize_{it} + \delta_8 Dir_{it} + \delta_9 Ssize_{it} + \delta_{10} Top1_{it} + \delta_{11} PLU_{it} + \delta_{12} SOE_{it} + \delta_{13} EPS_{it} \\ & + \delta_{14} HighT_{it} + \delta_{15} EV_{it} + \delta_{16} Divp_{it} + \sum Year_{it} + \sum Ind_{it} + \varepsilon \end{aligned} \tag{4.6}$$

其中，DET为外部大股东退出威胁的虚拟变量，当ET大于中位数时为1，否则为0。其他控制变量的定义与前文一致。

第二阶段，将逆米尔斯比率IMR作为控制变量加入到Heckman两阶段模型中进行回归分析。

$$Innovation_{it} = \chi_0 + \chi_1 ET_{it} + \chi_2 Control_{it} + \chi_3 IMR_{it} + \sum Year_{it} + \sum Ind_{it} + \varepsilon \tag{4.7}$$

其中，Control为控制变量，与检验模型（4.3）相同。从表4-6Heckman两阶段模型回归结果可知，外部大股东退出威胁ET与企业创新投入R&D和创新产出Patent均在0.01的水平上显著为正，与前文结论一致。同时，逆米尔斯比率IMR的回归结果显著，这说明本章可能存在一定的样本选择偏差。但是在控制样本选择偏差之后自变量的回归结果并未发生实质性的改变，这进一步说明了本章结论的可靠性。

（4）Change模型

本章采用Change模型来解决可能存在的遗漏变量问题，分别对因变量和自变量进行一阶差分，考察自变量变动值对因变量变动值的影响，具体检验模型如下：

$$\Delta Innovation_{it} = \gamma_0 + \gamma_1 \Delta ET_{it} + \gamma_2 \Delta Control_{it} + \sum Year_{it} + \sum Ind_{it} + \varepsilon \tag{4.8}$$

其中，ΔInnovation为企业创新的变动值；ΔET为外部大股东退出威胁的变动值；ΔControl为控制变量的变动值。从表4-6的Change模型回归结果来看，外部大股东退出威胁的变动值ΔET与企业创新的变动值

ΔInnovation在0.01和0.05的水平上显著为正，支持了前文的结论。

（5）固定效应模型

本章在检验模型中加入了大量的公司特征变量、公司治理变量，但是仍可能会有一些不随时间变化的公司固定因素未能考虑在模型之中，因此本章采用固定效应模型进行重新估计。从表4-6可以看出，采用固定效应模型回归之后，退出威胁ET与企业创新R&D、Patent分别在0.01和0.1的水平上显著正相关，与前文结论基本一致。

4.4.5 稳健性检验

为了确保研究结论的可靠性，本章还从以下三个方面进行了稳健性检验：

（1）更换因变量的衡量指标

一方面，参考吴超鹏和唐莂（2016）、余明桂等（2016）的做法，以研发投入/期末总资产作为企业创新投入的代理变量R&D_A；另一方面，参考顾夏铭等（2018）和Fang等（2014）的做法，以Ln（申请发明专利+1）作为企业创新产出的代理变量Patent_I。因为相对于实用新型专利和外观设计专利而言，发明专利的认定最为严格，具有的技术含量和创新价值更高。

（2）更换自变量的衡量指标

第一，以持股10%作为大股东界定标准重新计量退出威胁。学术界关于大股东的界定还未达成一致认识，Laeven和Levine（2008）、姜付秀等（2015）就以持股10%作为识别大股东的标准。为了确保研究结论的可靠性，本章以持股10%作为大股东的标准，重新计量外部大股东退出威胁并进行回归分析。第二，以外部大股东数量作为大股东竞争程度代理变量。前文中的退出威胁是以流动性与大股东竞争程度的交乘项来计量的，在此更换大股东竞争程度的计量方法重新计算退出威胁。Edmans和Holderness（2017）指出，大股东退出的有效性很大程度上取决于大股东的数量，大股东数量越多退出的可能性越大，此时的退出威胁效应也就越大。因此，本章借鉴Dou等（2018）的做法，以外部大股东数量作为大股东竞争程度的代理变量，重新计算了样本企业的外部大股东退出威胁程度。第三，采用Amihud（2002）方法来计算股票流动性。前文采用流通股日均换手率衡量股票流动性，为了确保研究结论的可靠性，本章借鉴Amihud（2002）的方法计算了股票流动性，在此基础上重新衡量外部大股东退出威胁。

（3）更换回归模型

由于本章的因变量是企业创新投入和产出，均为非负数，是以0为下限的拖尾变量（Censored Variable）。因此，本章借鉴江轩宇的做法，采用Tobit模型进行重新估计。

表4-7为稳健性检验的结果，从表中可以看出，采用上述三种方法进行重新检验之后，外部大股东退出威胁ET与企业创新投入和产出的关系依然显著为正，这表明外部大股东退出威胁的确有助于推动企业创新，支持了本章的假设4-1。同时，本章中部分样本的创新数据为0，这部分样本可能是非创新型公司，也可能是有创新活动但却未披露的公司（Chemmanur和Tian，2018）。为了避免这部分数据对研究结论的干扰，本章删除创新投入和创新产出为0的样本后进行重新检验，研究结论并未发生改变。限于篇幅未列示相关回归结果。

表4-7 **稳健性检验结果**

变量	更换因变量		更换自变量						更换回归模型	
	R&D_A	Patent_I	R&D	Patent	R&D	Patent	R&D	Patent	R&D	Patent
ET	0.043***	0.989**	0.087***	1.887***	0.014***	0.573***	0.003***	0.021*	0.156***	8.629*
	(5.503)	(2.478)	(5.821)	(4.067)	(3.366)	(5.168)	(8.770)	(1.909)	(5.165)	(1.751)
Control	YES	YES	YES	YES	YES	YES	YES	YES	YES	YES
Adj /Pseudo R^2	0.307	0.047	0.313	0.057	0.312	0.057	0.314	0.056	0.106	0.060
N	21 792	21 792	21 792	21 792	21 792	21 792	21 792	21 792	21 792	21 792

注：* $p < 0.10$，** $p < 0.05$，*** $p < 0.01$；括号内为t值；标准误差经过了公司层面的cluster处理。

4.5 不同类型外部大股东退出威胁治理效应的差异研究

不同类型的外部大股东退出威胁对创新的治理效应可能会存在差异。本章按照持股动机不同将外部大股东分成了短期逐利型、长期战略型和其他型三类。短期逐利型外部大股东持股时间往往较短，主要追求股票短线收益。短期逐利型外部大股东退出仅会影响公司短期的股价，随着时间的推移股价还会回归公司基本面，所以短期逐利型外部大股东退出威胁对创新的影响可能较弱。不同于短期逐利型外部大股东，长期战略型外部大股东退出威胁的治理效应会更加显著。出于长期战略发展的考虑，企业会持有产业链条上其他公司的股份，最终形成一个战略联盟。长期战略型外部大股东与企业之间不仅是简单的投资关系，更多的是长远的战略合作关系。长期战略型外部大股东退出不仅会影响公司股价，而且会对公司业务发展产生重要影响。例如，2019年1月小米集团在二级市场购入TCL集团6 516.88万股，小米集团表示入股TCL集团并非一次纯粹的财务投资，更多的是出于智能硬件研发领域和电视面板供应领域合作的考虑。所以，长期战略型外部大股东退出威胁对企业创新影响更为显著。具体检验模型设计如下：

$$\text{Innovation}_{it} = \eta_0 + \eta_1 \text{SET}_{it} + \eta_2 \text{LET}_{it} + \eta_3 \text{Control}_{it} + \sum \text{Year}_{it} + \sum \text{Ind}_{it} + \varepsilon \quad (4.9)$$

其中，SET为短期逐利型外部大股东退出威胁，LET为长期战略型外部大股东退出威胁，计量时将前文公式（4.2）分子分别换成短期逐利型外部大股东和长期战略型外部大股东持股比例。本章主要采用以下三种方法来划分外部大股东的类型：

方法一，按照持股目的来划分外部大股东类型。我国投资者可以分为个人投资者、一般法人、机构投资者三种类型。首先，本章将个人投资者划归为短期逐利型外部大股东。持股超过5%的个人投资者往往可以称为“牛散”，此类投资者持股目的更多的是“投机”而非价值投资。例如，2019年5月，牛散“ST大王”陈庆桃押“中”了四家退市股。其次，本章将一般法人划归为长期战略型外部大股东。一般法人即具有产业资本属性的法人单位，包含一般法人团体和非金融类上市公司。与金融资本不同的是，产业资本来自产业，关注产业的长期发展，最终也将直接流向产业。此类外部大股东关注的是产业价值链的资源整合，或者基于战略转型需求而进行的前瞻性产业链布局。其投资目的与财务投资不同，并不是单纯的追求财务收益最大化，而是更加注重所投资产业与自身产业之间的协同、聚合效应。最后，本章参考Brickley等（1988）、李青原等（2013）的方法，将证券投资基金、社保基金、QFII、RQFII、沪港通和深港通渠道进入A股的投资者等类型的外部大股东划归为长期战略型外部大股东，而将其他的机构投资者划归为短期逐利型外部大股东。证券投资基金、社保基金、QFII、RQFII有着较为科学的投资理念，更加偏好的是长期价值投资（2013）。沪港通和深港通渠道进入A股的投资者集中长期持有价值较高的行业龙头公司股票，如贵州茅台、中国平安、恒瑞医药等。同时此类投资者的换手率极低，上交所年鉴的数据显示，2017年专业机构的交易占比为14.76%，而同期的沪股通交易占比仅为1.3%。

方法二，按照持股时间来划分外部大股东类型。本章以三年作为划分标准，如果外部大股东的地位连续三年或更长时间一直未发生变动，那么该外部大股东在此时段内即可被认定为长期战略型外部大股东；如果外部大股东仅连续两年或一年存在，那么该外部大股东在此时段内即可被认定为短期逐利型外部大股东；另外，如果是2017年新进的外部大股东，则均认定为其他型外部大股东。这主要是由于受到时间限制，无法预判该外部大股东是否会持续存在三年或以上。

方法三，综合考虑持股目的和时间来划分外部大股东类型。为了确保外部大股东类型划分的科学性，避免单一划分方式带来的缺陷，本章综合考虑持股目的和时间来划分外部大股东类型。当外部大股东同时满足前两种方法对长期战略型外部大股东的界定标准时，该外部大股东为长期战略型外部大股东；当外部大股东同时满足前两种方法对短期逐利型外部大股东的界定标准时，该外部大股东则为短期逐利型外部大股东；其他情况下，外部大股东均为其他型外部大股东。

表4-8列示了不同类型外部大股东退出威胁治理效应差异的回归结果。从表中可知，短期逐利型外部大股东退出威胁SET与企业创新投入R&D、创新产出Patent的回归结果并不显著；而长期战略型外部大股东退出威胁LET与企业创新投入R&D、创新产出Patent分别在0.01和0.05的水平上显著正相关。由此表明，不同类型的外部大股东退出威胁对企业创新的影响存在差异，长期战略型外部大股东退出威胁的治理效应更为显著，验证了前文的逻辑推理。

表4-8　**不同类型外部大股东退出威胁影响企业创新的回归结果**

变量	按持股目的分类		按持股时间分类		综合持股目的与时间分类	
	R&D	Patent	R&D	Patent	R&D	Patent
SET	0.014	0.496	0.378	0.617	0.785	6.076
	(1.432)	(0.823)	(0.929)	(1.318)	(1.251)	(1.528)
LET	0.170***	1.657**	0.098***	2.068***	0.167***	0.964**
	(7.128)	(2.232)	(4.735)	(3.187)	(6.716)	(2.254)
Control	YES	YES	YES	YES	YES	YES
Adj-R^2	0.315	0.056	0.316	0.056	0.318	0.056
N	21 792	21 792	21 792	21 792	21 792	21 792

注：* $p < 0.10$，** $p < 0.05$，*** $p < 0.01$；括号内为t值；标准误差经过了公司层面的cluster处理。

4.6 影响机理分析

现阶段结合理论分析部分的内容，本章认为外部大股东退出威胁可以通过减少控股股东掏空行为来促进企业创新。为了验证外部大股东退出威胁影响企业创新的作用机理，本章采用中介效应模型检验进行了实证检验。具体检验模型如下：

$$Innovation_{it} = \alpha_0 + \alpha_1 ET_{it} + \alpha_2 Control_{it} + \sum Year_{it} + \sum Ind_{it} + \varepsilon \tag{4.10}$$

$$AC2_{it} = \varphi_0 + \varphi_1 ET_{it} + \varphi_2 Control_{it} + \sum Year_{it} + \sum Ind_{it} + \varepsilon \quad (4.11)$$

$$Innovation_{it} = \psi_0 + \psi_1 ET_{it} + \psi_2 AC_{it} + \psi_3 Control_{it} + \sum Year_{it} + \sum Ind_{it} + \varepsilon \quad (4.12)$$

其中，AC2为企业的第二类代理成本，借鉴姜国华和岳衡（2005）的做法，用其他应收款/总资产来计量第二类代理成本AC2。

由于模型（4.3）中退出威胁ET的回归系数α_1显著为正，因此仅需要检验模型（4.11）和模型（4.12）中回归系数φ_1、ψ_1、ψ_2的显著特征。从表4-9的回归结果可知，大股东退出威胁ET与第二类代理成本AC2在0.01的水平上显著负相关，而第二类代理成本AC2与企业创新投入R&D和创新产出Patent均在0.05的水平上显著负相关。上述回归结果表明，外部大股东退出威胁可以通过减少控股股东掏空行为来促进企业创新投入和产出，验证了前文理论分析逻辑的正确性。左晶晶等（2013）、Brochet等（2015）已经发现了管理层短视行为和控股股东掏空行为对企业创新活动的危害，本章的发现为外部大股东约束管理层和控股股东的机会主义行为提供了一个新的思路和手段，具有较强的实践指导意义。

表4-9 **影响机理检验结果**

变量	AC2	R&D	Patent
ET	-0.014^{***}	0.100^{***}	1.597^{***}
	(−2.614)	(5.338)	(2.694)
AC2		-0.010^{**}	-0.238^{**}
		(−2.041)	(−2.225)
Control	YES	YES	YES
Adj-R^2	0.379	0.313	0.056
N	21 792	21 792	21 792

注：* $p < 0.10$，** $p < 0.05$，*** $p < 0.01$；括号内为t值；标准误差经过了公司层面的cluster处理。

4.7 基于外生流动性冲击的进一步研究

股票流动性是退出威胁发挥作用的重要前提，良好的流动性有助于增强退出威胁的作用（1998）。当股票流动性较差时，外部大股东退出的可行性较低，退出威胁也就无法产生可置信的影响。相反，在股票流动性较强时，外部大股东利用非公开信息进行股票交易并影响股票价格，退出行为可以给控股股东或管理层带来实质性的惩罚，这就使得退出威胁变得更为可靠和有效。因此，在面临流动性外生冲击时，外部大股东退出威胁所发挥的治理作用将有所不同。近年来，我国外生流动性冲击主要有放松卖空管制和加强大股东减持管制，本章基于这两个外生流动性冲击做了进一步检验。

4.7.1 放松卖空管制

2010年3月31日，沪深交易所公布了首批90只融资融券交易试点标的，由此我国资本市场正式引入卖空机制。放松卖空管制是推动我国资本市场发展的一个重要举措，结束了中国股市“单边市”的历史。卖空机制为市场提供了通过负面消息进行交易获利的渠道，这就鼓励投资者去寻找经理人和上市公司的负面信息（2010），加快股价回归基础价值的速度（2010）。已经有文献探讨了放松卖空管制对企业创新的积极作用，陈怡欣等（2018）、权小锋和尹洪英（2017）发现卖空机制可以提高企业创新产出，郝项超等（2018）却发现只有融券可以促进企业创新产出。外部大股东的退出行为就是一种负面信号，市场中的悲观投资者往往采用做空的交易策略，进而导致股价的大幅下跌。由于杠杆效应的存在，卖空机制加大了市场对控股股东和管理层负面消息的惩罚力度。因此，放松卖空管理有助于提高退出威胁的可信度和影响力，增强退出威胁的公司治理效用，进而可以促进企业的创新投入和产出。因此，本章预计：放松卖空管制会增强外部大股东退出威胁对企业创新的治理效应。具体检验模型设计如下：

$$\begin{aligned} Innovation_{it} = {} & \xi_0 + \xi_1 ET_{it} + \xi_2 ET_{it} \times SS_{it} + \xi_3 SS_{it} + \xi_4 Control_{it} \\ & + \sum Year_{it} + \sum Ind_{it} + \varepsilon \end{aligned} \tag{4.13}$$

其中，SS为放松卖空管制，本章参考Chen等（2012）的方法，当企业当年为融券标的时，SS取值为1，否则取值为0。当退出威胁与放松卖空管制交叉项ET×SS的回归系数ξ_2显著为正时，说明放松卖空管制可以增强退出威胁对企业创新的治理效应。Control为控制变量，同检验模型（4.3）。从表4-10可知，退出威胁与放松卖空管制交叉项ET×SS的回归系数均在0.05的水平上显著为正，这说明放松卖空管制会增强外部大股东退出威胁对企业创新投入和产出的积极作用。

表4-10 **进一步检验结果**

变量	放松卖空管制		加强大股东减持管制	
	R&D	Patent	R&D	Patent
ET	0.114***	1.893***	0.015**	2.046***
	(5.732)	(3.320)	(2.567)	(2.809)
ET×SS	0.107**	2.120**		
	(2.089)	(1.998)		
SS	0.002*	0.160***		
	(1.801)	(3.597)		
ET×RS			-0.174***	-0.911*
			(-6.217)	(-1.723)
RS			0.026***	0.693***
			(19.995)	(12.128)
Control	YES	YES	YES	YES
Ad -R^2	0.314	0.060	0.315	0.056
N	21 792	21 792	21 792	21 792

注：* $p < 0.10$，** $p < 0.05$，*** $p < 0.01$；括号内为t值；标准误差经过了公司层面的cluster处理。

4.7.2 加强大股东减持管制

近年来，中国证监会围绕大股东减持问题发布了多个文件。早在2015年7月8日，证监会发布的证监会公告〔2015〕18号文件就明确要求“从即日起6个月内上市公司控股股东和持股5%以上股东及董事、监事、高级管理人员不得通过二级市场减持本公司股份”；2016年1月7日证监会发布的《上市公司大股东、董监高减持股份的若干规定》（证监会公告〔2016〕1号）和2017年5月26日证监会公布的《上市公司股东、董监高减持股份的若干规定》（证监会公告〔2017〕9号），均对大股东的减持行为进行了规范。上述规定对大股东减持行为设定了严格的限制，这就降低了外部大股东退出威胁的可信度，进而使得退出威胁的公司治理效应受到削弱。因此，本章预计：加强大股东减持管制会减弱外部大股东退出威胁的治理效应。具体检验模型设计如下：

$$\begin{aligned}\text{Innovation}_{it} = \zeta_0 + \zeta_1 \text{ET}_{it} + \zeta_2 \text{ET}_{it} \times \text{RS}_{it} + \zeta_3 \text{RS}_{it} + \zeta_4 \text{Control}_{it} \\ + \sum \text{Year}_{it} + \sum \text{Ind}_{it} + \varepsilon \end{aligned} \quad (4.14)$$

其中，RS为大股东减持管制，当样本处于2015年至2017年时，RS取值为1，否则取值为0。当退出威胁与大股东减持管制交叉项ET×RS的回归系数ζ_2显著为负时，说明加强大股东减持管制会减弱退出威胁对企业创新的治理效应。Control为控制变量，同检验模型（4.3）。从表4-10可知，退出威胁与大股东减持管制交叉项的回归系数分别在0.01和0.1的水平上显著为负。这说明加强股东减持管理会削弱外部大股东退出威胁对企业创新投入和产出的积极作用。

整体而言，外生流动性冲击在外部大股东退出威胁与企业创新关系中发挥着显著的调节作用。放松卖空管制可以增强退出威胁对企业创新的治理效应，而加强大股东减持管制则会削弱退出威胁对企业创新的治理效应。本章立足于中国特殊的制度背景，借助放松卖空管制和加强大股东减持管制等难得的准自然实验，揭示了外生流动性政策对退出威胁治理效应的调节作用，丰富了“本土化”的退出威胁理论研究体系。

4.8 本章小结

退出威胁是近年国际财务会计领域中较为前沿的部分，众多文献考察了退出威胁的公司治理效应，但是尚未有文献能研究退出威胁对企业创新的影响。基于社会心理学和公司治理理论，本章以2010年至2018年沪深A股21 792个年度观测样本为研究对象，重点考察了外部大股东退出威胁对企业创新的影响机理，并借助放松卖空管制和加强大股东减持管制等难得的准自然实验，分析了外生流动性冲击对退出威胁治理效应的调节作用。本章的研究结论如下：第一，外部大股东退出威胁能够有效地促进企业创新投入和产出。外部大股东退出威胁与企业创新投入和产出均显著正相关，这说明外部大股东退出威胁越高时企业创新投入和产出越多。该结论在控制内生性问题之后依然稳健。第二，相对于短期逐利型外部大股东而言，长期战略型外部大股东退出威胁的治理效应更为显著。第三，外部大股东退出威胁是通过减少控股股东掏空行为来促进企业创新的。第四，外生流动性冲击可以对退出威胁与企业创新之间的关系产生显著的调节作用。具体而言，放松卖空管制可以增强退出威胁对企业创新的治理效应，而加强大股东减持管制则会削弱退出威胁对企业创新的治理效应。

第5章　外部大股东退出威胁与企业财务报告质量

5.1　研究问题的提出

在经济活动中，为了实现某种特定的目标，交易参与者可能会采用威胁的手段来迫使对手做出退让。在社会心理学中，威胁是表达诉求的一种方式，最终的目的是要交流和谈判。在博弈过程中威胁是利益主体的常用伎俩，通过施加压力来进行讨价还价，实现自己利益的最大化（Deutsch和Krauss，1962）。传统经济理论都是建立在“经济人”的基础上的，随着心理学、行为经济学和行为金融学的兴起，人们对传统经济理论无法解释的异象有了不同的认识。现有文献主要从公司治理、公司特征、制度环境、行为金融等视角出发，寻找企业盈余管理的影响因素，但是鲜有文献能从退出威胁的角度来研究其对盈余管理的影响。退出威胁是近期国际财务和会计学界兴起的一个前沿性研究领域，Hope等（2017）、Edmans和Holderness（2017）发现可置信的退出威胁可以缓解股东与管理层之间的代理问题。芝加哥学派奉行“股东积极主义”，认为大股东积极参与公司治理可以确保市场经济的有效运行（Brav等，2008；Bebchuk等，2015）。虽然大股东有动机参与公司治理，但是这不意味着所有大股东都有相同的目标（Jaskiewicz等，2017）。在中国这样的新兴资本市场中，控股股东侵占其他股东利益的现象较为严重（Djankov等，2008）。我国的市场规范程度、投资者法律保护以及公司治理水平与发达国家相比还存在着较大的差距，而且上市公司的股权仍相对集中，此时外部大股东的退出威胁能发挥多大的作用还需要进一步进行验证。目前，有两篇退出威胁的文章以中国资本市场为研究对象：姜付秀等（2015）、Hope等（2017）分别从控制权私利、管理层私利的角度，考察了外部大股东和非管理者大股东退出威胁的公司治理效应。研究结果表明，退出威胁可以约束控股股东和管理层的私利行为，进而提高公司业绩。姜付秀等（2015）、Hope等（2017）的研究初步证实了退出威胁公司治理效应适用于中国资本市场，这为开展本土化的退出威胁治理研究提供了有益的启示和初步的证据。

证监会在《上市公司股东、董监高减持股份的若干规定》（证监会公告〔2017〕9号）中指出，大股东是指“上市公司控股股东和持股5%以上股东”。因此，本章认为大股东是指持股超过5%的股东[①]。而外部大股东是指持股超过5%并与上市公司不存在关联的外部投资者，具体如保险公司、公募基金、私募基金、证券公司、信托公司、PE创投机构、QFII、自然人、普通企业等。外部大股东由于持股较多并具备一定的专业技能，更有动机和能力来参与公司治理，维护自身的合法权益。“用手投票”是外部大股东首选的方式，而“用脚投票”则是最后的无奈之举。在“用脚投票”之前，外部大股东往往会先发出“退出威胁”[②]，希望能以此将企业拉回到谈判桌前。因此，外部大股东实现治理的链条应该是监督（用手投票）→退出威胁（用嘴威胁）→退出（用

---

① 大股东持股比例的界定标准在不同法系国家中有所差异，一般情况下大陆法系国家的界定标准是10%，而英美法系国家的界定标准是5%。

② 需要说明的是，本书中的退出威胁主体均为外部大股东。在我国，控股股东掌握着管理层的任免权，控股股东实现公司治理并不需要通过退出威胁或退出行为来实现，同时其他内部股东与控股股东的利益往往一致。而中小股东退出威胁的影响往往较小，并不足以对企业管理当局的决策行为产生实质性影响。

脚投票）。外部大股东首先会采用“用手投票”的方式来实现公司治理，如策略性投票（Bebchuk等，2015）、提议更换管理层（Helwege等，2012）、争夺董事会席位（祝继高等，2015）等方式。当监督机制无效时，外部大股东会通过退出威胁来约束管理层、控股股东的私利行为（Hope等，2017）。而在前面两个举措均无效时大股东才会选择“用脚投票”的方式来维护自身权益（McCahery等，2016）。

基于西方资本市场经验得出的退出威胁治理效应能否适用于新兴资本市场国家？这个问题还有待进一步深入挖掘。近年来新兴资本市场得到了迅猛的发展，但是在高速发展的背后也隐藏着众多问题，如法制建设不完善、对投资者的保护薄弱等。中国A股市场创立30多年来，大股东掏空上市公司、侵害中小股东利益的事件层出不穷。在这些事件中，本应作为“监督者”的外部大股东却扮演着“合谋者”的角色，这在“徐翔案”中表现得淋漓尽致[①]。部分学者也捕捉到了外部大股东与企业合谋的证据：傅勇和谭松涛（2008）发现了机构投资者与非流通股股东在股改对价方案表决时合谋的证据；张高擎和廉鹏（2009）基于华菱管线可转债案例指出，机构投资者在股权分置改革方案投票过程中与大股东合谋，侵占中小股东利益；潘越等（2011）认为，在高管更替事件中，机构投资者扮演着管理层“合谋者”的角色。由此就带来了一个疑问：外部大股东是否会利用退出威胁来与控股股东、管理层合谋？本章有必要针对退出威胁可能存在的“治理假说”和“合谋假说”进行验证。

盈余管理可以有效反映企业的代理冲突，是公司治理所监控的重要内容，也是目前资本市场中的热点话题。鉴于此，本章在社会心理学和信号传递理论的基础上，以沪深两市A股17 080个年度观测样本为研究对象，参考Dou等（2016）的方法计量了外部大股东退出威胁程度，采用实证分析方法检验了外部大股东退出威胁对上市公司盈余管理的治理作用，揭示了退出威胁影响盈余管理的潜在机理。研究结果显示，退出威胁的“治理假说”得到证实，即退出威胁可以有效地约束企业盈余管

① 青岛中院经审查明，在2010年至2015年期间，徐翔、王巍和竺勇共同与十三家上市公司高管、实际控制人合谋，双方共同操纵上市公司股票交易价格和交易量。

理行为。退出威胁的治理效应在可卖空、股价财富敏感性和市值管理敏感性较高的企业中更为显著。

本章的贡献主要体现在以下两个方面：第一，丰富和发展了公司治理领域的文献。本章从社会心理学视角出发，将退出威胁纳入了公司治理研究框架，分析了退出威胁对盈余管理的治理作用，为退出威胁影响企业微观行为提供了来自新兴资本市场国家的经验证据。Dou 等（2016）认为大股东退出威胁可以提高企业的财务信息质量，本研究拓展了芝加哥学派的“股东积极主义”的理论文献[①]，证实了退出威胁的治理作用同样存在于新兴资本市场国家。国内鲜有文献研究退出威胁的治理作用，仅有姜付秀等（2015）探讨了退出威胁对控股股东私利行为的约束机制。本章从盈余管理视角出发，考察了外部大股东退出威胁对盈余管理的治理作用，这是对姜付秀等（2015）文献的有益补充和拓展，同时也为近期国际学术界退出威胁与公司财务关系的热点研究提供了新证据。第二，揭示了退出威胁影响公司治理的潜在机制。现有退出威胁文献更多关注的是退出威胁对企业决策或行为的影响，而对退出威胁发挥治理效应的潜在机制关注不足。本章发现当企业为可卖空标的或管理层、控股股东对股价较为敏感时，退出威胁的治理作用更为显著。这表明只有在决策主体在乎股价的前提下，退出威胁才能真正地发挥作用，由此厘清了退出威胁影响公司治理、财务决策的渠道。

5.2 文献回顾与理论分析

5.2.1 文献回顾

（1）退出威胁的公司治理作用研究

大股东的退出行为可以发挥公司治理作用，已经有较多的文献予以证实：Parrino 等（2003）指出大股东的退出会导致企业高管被强制更换的概率增加；而 Gopalan（2005）则发现，大股东退出会增加企业被

① 芝加哥学派的自由主义传统坚持“股东积极主义”，认为股东可以通过向管理层施加压力，来解决现代公司的代理成本问题和降低道德风险。

并购的可能性。从信号传递理论来看，掌握企业内部信息的大股东退出行为将向市场释放出悲观的信号，进而通过影响股价来实现治理目标。基于这样的前提假设，大股东通过威胁要退出才能发挥公司治理作用。Palmiter（2001）就发现了大股东可以通过威胁管理层“卖出持有的股票并导致公司股价下跌”来影响企业决策。因此，大股东退出威胁可以抑制控制权和管理层私利（姜付秀等，2015；Hope等，2017），提高企业的财务报告质量（Dou等，2016）。

（2）*盈余管理的影响因素研究*

国内外学者对机构投资者持股能否抑制盈余管理并未形成一致结论，部分学者研究发现，机构投资者能够对上市公司的盈余管理行为发挥积极的监督作用，如Balsam等（2002）发现，机构投资者相较于个人投资者，能够更快地分辨出会计盈余中的可操纵和非可操纵应计，及时地侦查出上市公司的盈余管理行为，进而达到约束管理层利润操纵的效果。DeFond等（1991）发现，当存在持股量超过5%的机构投资者时，上市公司事先调整盈利的可能性下降。程书强（2006）以会计盈余及股价间的回归系数衡量会计信息的及时性，并以截面的琼斯模型估计上市公司的盈余管理程度，研究发现机构投资者持股比例同会计信息及时性正相关，同操纵性应计负相关。另一部分学者认为，受持股比例及持股动机的影响，机构投资者持股并不能显著降低管理层盈余管理水平，甚至还起到“推波助澜”的作用。例如，Chen等（2010）通过检验机构投资者持股同操纵性应计项目绝对值间的相关关系，发现非大股东机构投资者仅在本身盈利压力不大时，才会加强对上市公司盈余管理行为的监督，而在盈利压力较大时，会放松对管理层盈余管理行为的监督。Koh（2007）的研究发现，机构投资者持股对上市公司盈余管理的影响呈倒U形关系，即当机构投资者持股比例较低时机构投资者持股增加了企业进行盈余管理的动机；当机构投资者持股比例较高时，机构投资者的监督有效抑制了公司的盈余管理行为。杨海燕等（2012）的实证结果发现，在我国市场机制不完善、机构投资者发展不成熟的背景下，机构投资者的持股反而使得管理层更有动力为平滑利润，达到机构投资者的预期而实行盈余管理。以上文献均关注机构投资者持股对应计项目盈余管理的影响，而关于机构投资者持股能否抑制公司通过构建真实交易进行更为隐蔽的盈余管理的相关研究较少。李增福等（2013）的研究发现，机构投资者持股能抑制企业真实活动盈余管理，而这种监督作用在国有企业受到抑制。袁知柱等（2014）发现，机构投资者的持股抑制了真实活动盈余管理，但会促使企业转而采用应计项目盈余管理手段达到利润目标。

（3）文献评述

学术界一直在尝试寻找促进公司治理发展的因素，退出威胁是近期较为热门的研究领域。已经有文献证实了退出威胁可以发挥有效的公司治理作用，这为本章研究提供了有益的启示。但是仍有两方面问题有待进一步研究：一方面，退出威胁发挥公司治理效应的研究多数是基于西方国家的经验总结（Hope等，2017；Dou等，2016），有效的资本市场是退出威胁发挥作用的重要基础。而我国正处于经济转型升级的特殊时期，资本市场和金融体系仍不完善，企业的退出机制尚未建成。另外，国外文献的成果是基于第一类委托代理框架研究得出的结论，而在中国这样的新兴市场国家更多面临的是第二类委托代理问题。在我国，大股东侵占中小股东利益的事件时常发生，外部大股东与管理层、控股股东合谋来谋求私利，此时退出威胁可能沦为其实现合谋的手段。在这样的现实背景下，退出威胁机制可能存在着“治理假说”和“合谋假说”两种可能，有必要通过实证研究来检验退出威胁机制在新兴资本市场中所扮演的角色。另一方面，退出威胁发挥作用的前提是，大股东的退出行为会向市场传递负面消息，造成公司股价下跌，进而影响管理层和控股股东的财富。由此可见，退出威胁发挥作用的关键在于大股东退出行为可以造成股价下跌并影响管理层和控股股东的持股市值。卖空机制具有价格发现功能，可以放大投资者“用脚投票”的效应，造成股价更大幅度地下跌。同时，退出威胁对在乎股价（管理层、控股股东持股市值较大或者重视市值管理）企业的影响更为明显。基于这样的逻辑，卖空机制、财富股价敏感性和市值管理敏感性可能会放大退出威胁对公司治理的影响。这对深入了解退出威胁作用有着重要的意义，也有助于学术界和实务界明晰退出威胁公司治理机制的内在机理。但是目前学术界尚未有文献能针对上述问题进行研究。

5.2.2 理论分析与研究假设

(1) 退出威胁的"治理假说"

股东治理在整个公司治理框架中有着重要的地位，中小股东出于成本和收益的考虑往往选择"搭便车"，而外部大股东则有着较强的动机来参与公司治理。由于持股较多，外部大股东持股市值很大程度上与企业的治理状况和业绩表现挂钩。大股东监督管理层会提高公司价值（Shleifer和Vishny，1986），大股东会从这部分价值提升中获取收益来弥补监督成本。在社会心理学中，威胁是交易主体之间进行博弈的一种手段，威胁的目的在于通过讨价还价来维护自身利益。退出威胁是投资者在市场中常用的手段，外部大股东退出威胁会改变企业决策主体的认知，进而通过影响管理决策来实现公司治理。作为知情交易者，外部大股东的退出行为往往暗含着公司价值低的信号，处于信息优势地位的外部大股东会采用"用脚投票"的方式来惩罚经理人的私利行为。资本市场对外部大股东退出行为的解读往往是负面的，非知情投资者会采取做空公司股票的策略，进而导致公司的股价大幅下跌。股价的下跌会影响市场中投资者和债权人对企业风险的判断，造成预期资本成本的上升，威胁到企业的价值和内部人的私利。由于控股股东与管理层持股的财富与公司的股价密切相关，股价的下跌会造成控股股东和管理层财富的缩水，因此在控股股东和管理层财富股价敏感性越高时，退出威胁的治理作用越大。不同于西方发达资本市场国家，在中国这样的新兴资本市场国家中，投资者法律保护意识薄弱，上市公司的股权结构高度集中且"一股独大"，第二类代理问题更为突出。在这样特殊的现实背景下，外部大股东退出威胁的治理效应可能会受到削弱。但是，本章认为退出威胁"治理假说"依然成立。Fama和Jensen（1983）指出股权高度集中会使得控股股东的财富也更加集中，控股股东难以有效地分散公司特有风险。此时，外部大股东退出导致的股价下降将更大地损害控股股东的利益。由于外部大股东持股较少，使其更容易实现退出，这一定程度上可以提高退出的可行性。这就使得外部大股东退出威胁的治理效应更为真实可靠。

另外，国务院在《关于进一步促进资本市场健康发展的若干意见》中提出“鼓励上市公司建立市值管理制度”，这使得众多上市公司逐渐将市值管理作为日常管理的重点内容，因此当企业对市值管理较为敏感时，退出威胁的治理作用越大。整体而言，为了维护自身利益，控股股东和管理层有较强的动机和意愿去维护二级市场上的股票价格（Li和Zhang，2015）。由此可知，退出威胁会增加盈余管理的边际成本，减少盈余管理的边际收益。因此，本章认为退出威胁可以发挥监督作用，在一定程度上约束管理当局在财务报告中的投机行为。

（2）退出威胁的“合谋假说”

外部大股东在公司治理中扮演的角色可能是“监督者”，也可能是“合谋者”。Pound（1988）的“策略合谋假说”认为，机构投资者可能与上市公司管理层勾结来谋求个人私利。进一步，Woidtke（2002）发现投资经理出于个人利益最大化的动机，可能会采用一些非道德的行为与企业管理层合谋，进而损害中小股东的利益。例如，Chen等（2010）就发现在面临业绩压力时，机构投资者会放松对企业盈余管理的监督。企业进行盈余管理在特定情况下对外部大股东也是有利可图的，如基于债务契约、再融资、提升股价等目标的盈余管理行为对外部大股东持股市值的增加和减持套现就有着巨大的帮助。为了攫取私利，外部大股东会利用退出威胁来迫使上市公司粉饰财务报告，配合其在资本市场中的行动。在此时，企业盈余管理能实现控股股东、管理层和外部大股东三方利益的最大化，从这个角度来看退出威胁可能会诱发企业的盈余管理行为。

因此，基于外部大股东退出威胁可能存在的“治理假说”和“合谋假说”，本章提出如下竞争性假设：

研究假设5-1A：外部大股东退出威胁可以发挥治理作用，即退出威胁可以有效约束企业的盈余管理行为。

研究假设5-1B：外部大股东通过退出威胁诱使控股股东、管理层与其合谋，即退出威胁可以诱发企业的盈余管理行为。

5.3 研究设计

5.3.1 样本选择与数据来源

本章以2007年至2015年沪深两市A股上市公司为研究对象，剔除了ST公司、数据缺失公司、金融行业公司和财务数据异常公司，最终得到17 080个公司年度观测样本。书中所涉及的数据均来自Wind中国金融数据库和CSMAR数据库。为了排除极端值的影响，本章对所有连续型变量进行了1%和99%的Winsorize缩尾处理。

5.3.2 变量定义与计量

（1）被解释变量

按照是否影响现金流量，盈余管理可以细分为应计盈余管理和真实盈余管理两大类（Schipper，1989）。

应计盈余管理AEM：本章采用修正的截面Jones模型来计量企业的应计盈余管理程度。

$$\frac{NDA_{it}}{A_{i,t-1}} = \hat{\alpha}_0\frac{1}{A_{i,t-1}} + \hat{\alpha}_1\frac{\Delta REV_{it} - \Delta REC_{it}}{A_{i,t-1}} + \hat{\alpha}_2\frac{PPE_{it}}{A_{i,t-1}} \tag{5.1}$$

其中，NDA为非可操纵应计利润，ΔREV为营业收入的变动值，ΔREC为应收账款的变动值，PPE为固定资产的原值；$\hat{\alpha}_1$、$\hat{\alpha}_2$和$\hat{\alpha}_3$是根据模型（5.2），分年分行业的数据回归估计得到的行业特征参数。

$$\frac{TA_{it}}{A_{i,t-1}} = \alpha_1\frac{1}{A_{i,t-1}} + \alpha_2\frac{\Delta REV_{it}}{A_{i,t-1}} + \alpha_3\frac{PPE_{it}}{A_{i,t-1}} + \varepsilon \tag{5.2}$$

TA为总应计利润（净利润与经营现金流净值的差额）；ε为模型的回归残差。

真实盈余管理REM：本章借鉴Roychowdhury（2006）的方法计量企业的真实盈余管理程度。

$$\frac{CFO_{it}}{A_{i,t-1}} = \beta_1\frac{1}{A_{i,t-1}} + \beta_2\frac{Sales_{it}}{A_{i,t-1}} + \beta_3\frac{\Delta Sales_{it}}{A_{i,t-1}} + \varepsilon \tag{5.3}$$

其中，CFO为经营活动现金流量；Sales为销售额；ΔSales为销售额的变动值。异常的经营现金流量（Abn_CFO）为实际经营现金流量与期望经营现金流量的差额。

$$\frac{DISEXP_{it}}{A_{i,t-1}} = \chi_1\frac{1}{A_{i,t-1}} + \chi_2\frac{Sales_{i,t-1}}{A_{i,t-1}} + \varepsilon \tag{5.4}$$

其中，DISEXP为酌量性费用，即销售费用和管理费用之和。异常的酌量性费用（Abn_DISEXP）为实际的酌量性费用与期望酌量性费用的差额。

$$\frac{PROD_{it}}{A_{i,t-1}} = \delta_1\frac{1}{A_{i,t-1}} + \delta_2\frac{Sales_{it}}{A_{i,t-1}} + \delta_3\frac{\Delta Sales_{it}}{A_{i,t-1}} + \delta_4\frac{\Delta Sales_{i,t-1}}{A_{i,t-1}} + \varepsilon \tag{5.5}$$

其中，PROD为生产成本，即销售成本与存货变动额之和。异常的生产成本（Abn_PROD）为实际生产成本与期望生产成本的差额。

真实盈余管理总量（REM）可以表示为异常生产成本（Abn_PROD）减去异常经营现金流量（Abn_CFO）和异常酌量性费用（Abn_DISEXP）的值，具体如下所示：

$$REM_{it} = Abn\_PROD_{it} - Abn\_CFO_{it} - Abn\_DISEXP_{it} \tag{5.6}$$

由于本章考察的是外部大股东退出威胁对企业盈余管理程度的影响，因此对应计盈余管理和真实盈余管理均取绝对值。

（2）解释变量

退出威胁ET：借鉴Dou等（2016）的做法，以流动性和大股东竞争程度的乘积作为退出威胁的代理变量。流动性LIQUIDITY，采用流通股日均股票换手率。大股东竞争程度BHCOMP的计量模型如下所示：

$$BHCOMP_{it} = -1 \times \sum_{k=1}^{N}\left(\frac{Block_{k,i,t}}{Block_{it}}\right)^2 \tag{5.7}$$

其中，$BHCOMP_{it}$为第i个企业第t年大股东的竞争程度。$Block_{k,i,t}$为第i个企业第t年中第k个大股东的持股比例；$Block_{it}$为第i个企业第t年中所有大股东的持股比例之和，此处的持股比例均指的是持有流通股的比例。

退出威胁ET的计量公式如下：

$$ET_{it} = LIQUIDITY_{it} \times BHCOMP_{it} \tag{5.8}$$

（3）控制变量

借鉴Francis和Wang（2008）、姜付秀等（2013）、Fang等（2016）、

Dou等（2016）的类似研究，本章主要控制变量设定如下：企业规模、负债水平、成长能力、营业现金流量、盈利能力、会计师事务所类型、上市年限、委员会设立总数、董事会规模、独董比率、同城独董、监事会规模。考虑到不同年度、行业复杂经济因素的影响，在模型中还控制了年份效应和行业效应，具体变量定义见表5-1。

表5-1 **变量定义**

变量类型	变量名称	变量符号	变量定义
被解释变量	应计盈余管理	AEM	修正截面Jones模型计量结果的绝对值
	真实盈余管理	REM	借鉴Roychowdhury（2006）的方法计量结果的绝对值
解释变量	退出威胁	ET	流动性与大股东竞争程度的交乘项LIQUIDITY×BHCOMP
控制变量	企业规模	Size	总资产的自然对数
	负债水平	Lev	负债总额/资产总额
	成长能力	Growth	（本期营业收入-上期营业收入）/上期营业收入
	营业现金流量	OCF	经营活动现金流净值/总资产
	盈利能力	ROE	净资产收益率，税后利润/所有者权益
	会计师事务所类型	Big4	企业聘请国际四大会计事务所时为1，否则为0
	上市年限	Age	企业上市年限
	委员会设立总数	NC	企业设立委员会的数量
	董事会规模	Dsize	董事会人数的自然对数
	独董比率	Dir	独董人数/董事会人数
	同城独董	LID	存在独董与上市公司工作地点一致时为1，否则为0
	监事会规模	Ssize	监事会人数的自然对数
	年度	Year	控制年份效应
	行业	Ind	控制行业效应

5.3.3 检验模型设计

本章构建检验模型（5.9），以此来分析退出威胁对企业盈余管理的影响机理：

$$\begin{aligned} EM_{it} = {} & \phi_0 + \phi_1 ET_{it} + \phi_2 Size_{it} + \phi_3 Lev_{it} + \phi_4 Growth_{it} + \phi_5 OCF_{it} + \phi_6 ROE_{it} \\ & + \phi_7 NC_{it} + \phi_8 Big4_{it} + \phi_9 Age_{it} + \phi_{10} Dsize_{it} + \phi_{11} Dir_{it} + \phi_{12} LID_{it} \\ & + \phi_{13} Ssize_{it} + \sum Year_{it} + \sum Ind_{it} + \varepsilon \end{aligned} \tag{5.9}$$

其中，EM_{it}为i公司在第t年的盈余管理，分别包含应计盈余管理AEM_{it}和真实盈余管理REM_{it}；ET_{it}为i公司在第t年的退出威胁。如果退出威胁ET_{it}的回归系数ϕ_1显著为负，则说明退出威胁可以有效地约束上市公司盈余管理，本章的“治理假说”将得以证明；但如果退出威胁ET_{it}的回归系数ϕ_1显著为正，则说明退出威胁会诱发上市公司盈余管理，本章的“合谋假说”将得以证明。

5.4 实证结果与分析

5.4.1 描述性统计分析

表5-2中A栏的数据显示，应计盈余管理AEM的平均值和中位数分别为0.098和0.071，真实盈余管理REM的平均值和中位数分别为0.137和0.071，这与李增福和周婷（2013）、程小可等（2013）文献的结果较为相近。退出威胁ET的平均值和中位数分别为-0.020和-0.013，而最小值和最大值分别为-0.109和-0.001，这表明不同样本的退出威胁程度有着较大的差异。

表5-2中B栏采用单变量分析考察了不同退出威胁样本组之间变量的差异。按照退出威胁ET的平均值将样本分为高退出威胁样本组和低退出威胁样本组。T检验和Wilcoxon Z检验的结果表明，高退出威胁样本组的盈余管理程度显著小于低退出威胁样本组，初步验证了本章的“治理假说”。值得注意的是，本章的核心变量退出威胁很可能与公司规模具有很强的相关性，单变量分析的结果表明高退出威胁样本组的企业

表5-2 **主要变量的描述性统计分析与单变量分析**

A栏：主要变量的描述性统计分析

变量	N	Mean	SD	Min	p25	Median	p75	Max
AEM	17 080	0.098	0.094	0.002	0.034	0.071	0.130	0.442
REM	17 080	0.137	0.123	0.000	0.046	0.071	0.189	0.503
ET	17 080	−0.020	0.019	−0.109	−0.025	−0.013	−0.007	−0.001
Size	17 080	21.531	1.187	19.058	20.716	21.379	22.175	25.219
Lev	17 080	0.471	0.226	0.051	0.306	0.470	0.622	1.262
Growth	17 080	0.177	0.412	−0.686	−0.020	0.124	0.295	2.499
OCF	17 080	0.084	0.245	−0.723	0.002	0.038	0.100	1.457
ROE	17 080	0.058	0.154	−0.842	0.024	0.070	0.121	0.382
Big4	17 080	0.055	0.228	0.000	0.000	0.000	0.000	1.000
Age	17 080	9.911	6.091	1.000	4.000	10.000	15.000	22.000
NC	17 080	2.948	1.717	0.000	2.000	4.000	4.000	8.000
Dsize	17 080	2.264	0.242	1.609	2.197	2.197	2.398	2.890
Dir	17 080	0.319	0.121	0.000	0.333	0.333	0.375	0.556
LID	17 080	0.377	0.485	0.000	0.000	0.000	1.000	1.000
Ssize	17 080	1.324	0.298	0.693	1.099	1.099	1.609	2.197

B栏：单变量分析

变量	高退出威胁样本组		低退出威胁样本组		T test	Wilcoxon Z
	平均值	中位数	平均值	中位数		
AEM	0.097	0.070	0.105	0.073	−0.003***	−0.003***
REM	0.133	0.096	0.145	0.106	−0.012***	−0.010***
Size	21.628	21.472	21.342	21.193	0.286***	0.279***
Lev	0.485	0.484	0.444	0.434	0.040***	0.050***
Growth	0.178	0.125	0.175	0.121	0.003	0.004
OCF	0.089	0.039	0.076	0.038	0.013***	0.001
ROE	0.055	0.068	0.065	0.075	−0.010***	−0.007***
Big4	0.051	0.000	0.062	0.000	−0.012***	0.000***
Age	9.425	9.000	10.866	12.000	−1.441***	-3.000***
NC	2.730	4.000	3.378	4.000	−0.648***	0.000
Dsize	2.275	2.197	2.243	2.197	0.032***	0.000***
Dir	0.307	0.333	0.343	0.333	−0.036***	0.000***
LID	0.363	0.000	0.407	0.000	−0.044***	0.000***
Ssize	1.346	1.099	1.282	1.099	0.064***	0.000***

注：* $p < 0.10$，** $p < 0.05$，*** $p < 0.01$。

规模显著大于低退出威胁样本组的企业规模。为了避免回归中可能存在的噪音，本章在实证分析时按照企业规模大小对样本进行分组，分组后的回归结果与本章现有结论完全一致。同时，本章在回归中控制企业规模之后的研究结论依然存在。

另外，本章还进行了Pearson和Spearman相关性检验。由检验结果可知，检验模型中所涉及变量之间的相关系数均远小于经验值0.5，这说明变量之间不存在严重的多重共线性问题。其中，退出威胁ET与应计盈余管理AEM、真实盈余管理REM的相关系数均在0.01的水平上显著负相关，初步证实本章假设1A。限于篇幅有限，在此未能详细列示。

5.4.2 退出威胁与盈余管理：治理还是合谋?

从表5-3OLS的回归结果可知，退出威胁ET_{it}与应计盈余管理AEM_{it}在0.01的水平上显著负相关，回归系数为-0.352。其经济意义在于：退出威胁每上升一个标准差，将使企业的应计盈余管理程度减少0.7个百分点（-0.352×0.019），这相当于应计盈余管理平均值的7.143%（0.007/0.098）。同时，退出威胁ET_{it}与真实盈余管理REM_{it}也在0.01的水平上显著负相关，回归系数为-0.321。即退出威胁每上升一个标准差将减少企业真实盈余管理0.6个百分点（-0.321×0.019），这相当于真实盈余管理平均值的4.380%（0.006/0.137）。整体而言，退出威胁可以有效地约束企业的盈余管理行为，支持了退出威胁公司治理功能的论断，验证了退出威胁“治理假说”存在于新兴资本市场中，本章的假设1A得到证实。同时，考虑到退出威胁对公司治理的影响可能存在滞后效应，本章还以t-1期的退出威胁$ET_{i,t-1}$作为解释变量进行了回归。从表5-3中的回归结果可知，退出威胁$ET_{i,t-1}$与盈余管理均在0.01的水平上显著负相关，同样支持了前文的论断。本章从退出威胁视角出发，寻找到了盈余管理治理的一个新的切入点，拓展了盈余管理影响因素的理论外延，丰富了转轨国家盈余管理治理研究。控制变量的回归结果与现阶段主流研究结论基本一致（姜付秀，2013；何威风，2015；Dou等，2016），限于篇幅不再赘述。

表5-3 退出威胁对盈余管理约束效果的回归分析

变量	OLS		Lagged Effects Model	
	AEM_{it}	REM_{it}	AEM_{it}	REM_{it}
ET_{it}	-0.352***	-0.321***		
	(-8.937)	(-8.302)		
$ET_{i,t-1}$			-0.246***	-0.302***
			(-4.236)	(-5.722)
Control	YES	YES	YES	YES
Adj-R^2	0.074	0.055	0.077	0.057
N	17 080	17 080	14 482	14 482

注：* $p < 0.10$，** $p < 0.05$，*** $p < 0.01$；括号内为t值；标准误差经过了公司和年度层面的cluster处理。

5.4.3 内生性检验

本章针对可能存在的内生性问题，采用了如下三种方法予以控制：

首先，Fixed Effects Model。本章在检验模型中加入了大量的公司特征变量、公司治理变量，但是仍可能会有一些不随时间变化的公司固定因素未能考虑在模型之中。本章借鉴王化成等（2015）的方法，采用固定效应模型进行重新估计。从表5-4中固定效应模型的回归结果可知，退出威胁ET_{it}与应计盈余管理AEM_{it}、真实盈余管理REM_{it}分别在0.01和0.05的水平上显著负相关，支持了前文的结论。

其次，Change Model。为了解决可能存在的遗漏变量问题，本章对因变量和自变量进行一阶差分，构建如下的检验模型：

表5-4 **控制内生性问题之后的回归结果**

变量	Fixed Effects Model		Change Model		2SLS（IV=$SCSD_{it}$）	
	AEM	REM	ΔAEM	ΔREM	AEM	REM
ET_{it}	-0.175^{***}	-0.095^{**}			-2.163^{***}	-2.762^{***}
	(−2.896)	(−2.321)			(−4.258)	(−4.118)
ΔET_{it}			-0.183^{***}	−0.050		
			(−2.963)	(−0.461)		
Control	YES	YES	YES	YES	YES	YES
Adj-R^2/F	0.051	0.043	0.042	0.026	24.330	19.870
N	17 080	17 080	14 409	14 409	17 080	17 080

注：* $p < 0.10$，** $p < 0.05$，*** $p < 0.01$；括号内为t值；标准误差经过了公司和年度层面的cluster处理；在Change Model回归结果中，控制变量均为变动值；2SLS中的一阶段回归结果显示，券商营业部数量$SCSD_{it}$与退出威胁ET_{it}在0.01的水平上显著正相关。限于篇幅，本章未列示一阶段完整的回归结果。

$$\Delta EM_{it} = \varphi_0 + \varphi_1 \Delta ET_{it} + \varphi_2 \Delta Control_{it} + \sum Year_{it} + \sum Ind_{it} + \varepsilon \quad (5.10)$$

其中，ΔEM_{it}为盈余管理的变动值，即盈余管理EM_{it}与$EM_{i,t-1}$的差额；ΔET_{it}为退出威胁的变动值，即ET_{it}与$ET_{i,t-1}$的差额；$\Delta Control_{it}$为控制变量的变动值。从表5-4中可以发现，退出威胁的变动值与应计盈余管理变动值、真实盈余管理变动值的回归系数均为负数。这表明退出威胁可以约束企业的盈余管理行为，与前文结论基本一致。

最后，Two Stage Least Square Method（2SLS）。工具变量法可以有效地解决遗漏变量和测量误差带来的内生性问题。本章尝试从流动性角度出发寻找工具变量，以各省份券商营业部数量作为工具变量。这样处理的原因在于：一方面，券商营业部越多的地区，企业的股票流动性越强，进而退出威胁也就越大，这就满足了工具变量的相关性要求；另一方面，券商营业部数量与企业盈余管理不相关，满足了工具变量的外生性要求。基于此，本章将券商营业部数量$SCSD_{it}$定义为，当企业所在地区的券商营业部数量排名位于全国前十时$SCSD_{it}$为1，否则为0。统计后发现$SCSD_{it}$的平均值为0.343，标准差为0.474。各省份、直辖市券商营业部数量数据来源于上交所公开数据、Wind数据库。从表5-4中2SLS的回归结果可知，退出威胁ET_{it}与两种盈余管理均在0.01的水平上显著负相关，这验证了退出威胁对盈余管理的治理效应，与前文回归结果相同。本章还对工具变量的有效性进行了检验，Cragg-Donald Wald F统计量为115.843，p值为0.000，拒绝“弱工具变量”的原假设，这表明不存在弱工具变量问题；Sargan统计量的p值大于0.1，这表明工具变量与扰动项不相关。

5.4.4 稳健性检验

本章还进行了如下稳健性检验：一方面，重新选取样本时间窗口。我国在2010年开启融资融券制度，并于2011年、2013年和2014年进行了扩容，在不同的融资融券阶段其实施效果可能会存在差异。因此，本章分别以2007—2010年、2007—2011年、2007—2013年、2007—2014年的样本进行回归，结论未发生改变。另一方面，替换解释变量的计量方法。前文中的退出威胁是以流通性与大股东竞争程度的交乘项来计量的，在此本章更换大股东竞争程度的计量方法重新计算退出威胁。Edmans和Holderness（2017）指出，大股东退出的有效性很大程度上取决于大股东的数量，大股东数量越多退出的可能性越大。因此，本章借鉴Dou等（2016）的做法，以外部大股东数量N作为大股东竞争程度的代理变量，重新计算了样本企业的退出威胁程度，实证分析结果与前文结论一致。

5.5 进一步检验

外部大股东并不能直接影响企业的财务行为，只能通过对管理层和控股股东施压来影响财务信息质量。退出威胁的治理理论认为，退出行为会导致企业股价下跌，进而影响管理层和控股股东的持股市值。在面临退出威胁时，由于惧怕股价下跌导致财富缩水或者公司市值下跌，管理层和控股股东会约束自己的私利行为，避免外部大股东“用脚投票”。基于此，本章对退出威胁影响企业盈余管理的内在机理进行了检验。

5.5.1 卖空机制

（1）基本回归

卖空机制为市场提供了通过负面消息进行交易获利的渠道，这就鼓励投资者去寻找经理人和上市公司的负面信息（Karpoff和Lou，2010），加快股价回归基础价值的速度（Saffi和Sigurdsson，2010）。由于杠杆效应的存在，使得卖空机制会加大市场对控股股东和管理层负面消息的惩罚力度。外部大股东的退出行为就是一种负面信号，市场中的悲观投资者往往采用做空的交易策略，导致股价的大幅下跌。例如，在2017年11月份京东方A接连爆出大股东减持信息，从22日起的四个交易日中股价累计跌幅达21.74%，资金净流出额合计约80亿元。另外，由于杠杆效应的存在，在面临同样的负面信号时，可卖空企业的股价下跌幅度远大于不可卖空企业。退出威胁是一种潜在的卖空信号，可能会造成负面信息的大规模扩散，进一步导致可卖空企业股价下跌的压力增加，进而增加企业盈余管理的边际成本，减少盈余管理的边际收益。所以，可卖空企业面临退出威胁的治理效应往往更大。而对于不可卖空企业而言，由于退出行为造成的股价下跌是有限的，因此退出威胁带来的治理作用相对较小。基于此，本章认为相对于不能卖空的企业而言，退出威胁对可卖空企业的治理作用更强。

为了揭示在面临放松卖空管制的外部冲击下退出威胁对企业盈余管理的影响差异，构建了如下检验模型：

$$EM_{it} = \gamma_0 + \gamma_1 ET_{it} + \gamma_2 ET_{it} \times SS_{it} + \gamma_3 SS_{it} + \gamma_4 Control_{it} + \sum Year_{it} + \sum Ind_{it} + \varepsilon \quad (5.11)$$

由于我国融资融券制度采用的是分批启动、逐渐扩容的方式，即存在连续的多次政策冲击，这就无法满足传统双重差分模型的“实验处理（政策实施）唯一性”假设[①]。本章参考Chen等（2012）的方法，设置卖空机制变量SS_{it}，当第i个企业第t年为融券标的时取值为1，否则取值为0。当退出威胁与卖空机制交叉项$ET_{it}\times SS_{it}$的回归系数γ_2显著为负时，说明卖空机制可以强化退出威胁的盈余管理治理功效。$Control_{it}$为控制变量。

表5-5列示了退出威胁、卖空机制与盈余管理的检验结果。一方面，退出威胁和卖空机制的交叉项$ET_{it}\times SS_{it}$与应计盈余管理AEM_{it}在0.1的水平上显著负相关，退出威胁对可卖空企业的应计盈余管理的影响效应为-0.456（-0.367-0.089）。该结论的经济意义在于：退出威胁每上升一个标准差，将使得不可卖空企业应计盈余管理程度降低0.697个百分点（-0.367×0.019），这相当于应计盈余管理样本平均值的7.112%（0.697%/0.098）。然而对于可卖空的企业而言，退出威胁每上升一个标准差，将使企业应计盈余管理程度降低0.866个百分点（(-0.367-0.089）×0.019)，这相当于应计盈余管理样本平均值的8.837%（0.866%/0.098）。平均而言，退出威胁每上升一个标准差，可卖空企业的应计盈余管理程度减小幅度是不可卖空企业的1.242倍。另一方面，退出威胁和卖空机制的交叉项$ET_{it}\times SS_{it}$与真实盈余管理REM_{it}在0.01的水平上显著负相关。回归结果的经济意义在于：退出威胁每上升一个标准差，将降低不可卖空企业真实盈余管理程度0.650个百分点（-0.342×0.019)，这相当于真实盈余管理样本平均值的4.745%（0.650%/0.137）。对于可卖空企业而言，退出威胁每上升一个标准差，将使得真实盈余管理程度降低0.882个百分点（(-0.342-0.122）×0.019)，这相当于真实盈余管理样本平均值的6.438%（0.882%/0.137）。因此，平均而言，退出威胁每上升一个标准差，可卖空企业的真实盈余管理程度减小幅度是不可卖空企业的真实盈余管理程度减小幅度的1.357倍。由此可知，卖空机制可以增强退出威胁对盈余管理的约束作用。卖空机制SS_{it}与盈余管理的回归系数显著为负，这与Massa等（2015）、Fang等（2016）、顾琪和陆蓉（2016）研究结论一致，证明了卖空机制可以发挥公司治理效应。

① “实验处理（政策实施）唯一性”要求，实验期间应确保实验变项仅出现一次。如果出现多次实验处理，就无法有效地辨别出实验效果。在实验处理前后发生与因变量高度相关的事件，会导致存在其他未发觉的变量，同样也会对因变量产生重要影响。

表5-5 基于卖空机制的进一步研究结果

变量	Full Sample		PSM Sample		Short-selling Sample		Non-CSI300 Index Futures Sample	
	AEM	REM	AEM	REM	AEM	REM	AEM	REM
ET_{it}	-0.367^{***}	-0.342^{***}	-0.502^{***}	-0.474^{***}	-0.292^{***}	-0.370^{***}	-0.365^{***}	-0.347^{***}
	(-7.897)	(-5.835)	(-5.467)	(-3.067)	(-2.808)	(-3.017)	(-8.689)	(-6.516)
$ET_{it} \times SS_{it}$	-0.089^{*}	-0.122^{***}	-0.231^{*}	-0.280^{**}			-0.002^{*}	-0.246^{**}
	(1.885)	(2.837)	(-1.791)	(-2.193)			(-1.723)	(-1.962)
SS_{it}	-0.001^{**}	-0.003^{*}	-0.002	-0.004^{*}			-0.004^{*}	-0.001^{**}
	(-2.118)	(-1.910)	(-0.472)	(-1.665)			(-1.948)	(-2.221)
$ET_{it} \times SSTV_{it}$					-12.851^{*}	-34.658^{*}		
					(-1.933)	(-1.954)		
$SSTV_{it}$					-1.060	-1.356^{**}		
					(-1.394)	(-1.969)		
Control	YES	YES	YES	YES	YES	YES	YES	YES
Adj-R^2	0.075	0.055	0.082	0.065	0.087	0.071	0.075	0.053
N	17 080	17 080	4 869	4 869	2 392	2 392	14 812	14 812

(2) 基于PSM-DID的内生性检验

由于融券处理组和控制组之间的公司特征存在一定的差异，这些差异可能会造成处理组与控制组的盈余管理程度在事前就所有不同，即纳入融券标的公司原来就具有较高的盈余质量，这种内生性问题会降低回归估计的有效性。为此，本章采用倾向得分匹配法PSM挑选出与处理组最为接近的样本，以此构建新的控制组。参考褚剑和方军雄（2016）的做法，以流通市值、年度成交额、上市年龄、股东人数、换手率、波动率、中小板或创业板、年份和行业作为匹配变量，运用最相邻匹配法寻找出与融券标的股票特征相近的控制组。从表5-5中的检验结果可知，退出威胁和卖空机制的交叉项$ET_{it}×SS_{it}$与盈余管理分别在0.1和0.05的水平上显著负相关。这表明在控制内生性问题之后，卖空机制依然可以放大退出威胁的盈余管理治理功效。

(3) 采用融券卖空量直接衡量卖空机制的再检验

前文主要发现放松卖空管制可以提高退出威胁的盈余管理治理作用，按照这个逻辑思路我们可以提出如下推断：在可卖空的企业中，退出威胁对融券实际交易量越高的企业盈余管理约束力越强。为此，本章借鉴唐松等（2016）、李志生等（2015）的做法，采用融券卖空量SSTV作为卖空机制的代理变量，具体为融券卖出金额与流通市值之比。检验模型如下：

$$EM_{it} = \psi_0 + \psi_1 ET_{it} + \psi_2 ET_{it} \times SSTV_{it} + \psi_3 SSTV_{it} + \psi_4 Control_{it} + \sum Year_{it} + \sum Ind_{it} + \varepsilon \tag{5.12}$$

从表5-5中的卖空样本组的检验结果可以看出，退出威胁和融券卖空量的交叉项$ET_{it}×SSTV_{it}$与盈余管理的回归系数均在0.1的水平上显著为负。这说明相对于融券卖空量较小的企业而言，退出威胁对融券卖空量较大企业盈余管理的治理作用更强。即活跃的卖空交易能使得负面信息更好地融入股价，提高了退出威胁盈余管理治理的效应，该结论从卖空交易量的角度验证了前文结论的可靠性。

(4) 排除其他替代性解释

沪深300股指期货同样为投资者提供了卖空的途径，而且沪深300

股指期货和融资融券制度实施的时间较为相近[①]，这就存在一种可能：卖空机制对退出威胁治理作用的影响，会受到沪深300股指期货的影响。这种影响是融资融券制度造成的，还是沪深300股指期货造成的？这个疑问尚未得到明确的回答，有必要排除这种替代性解释的可能性。基于此，本章在样本中删除了沪深300指数成分股。从表5-5中的回归结果可知，删除沪深300指数成分股之后，退出威胁和卖空机制的交叉项$ET_{it}\times SS_{it}$与盈余管理的回归系数均显著为负。这表明剔除沪深300股指期货因素之后，卖空机制依然可以起到放大退出威胁治理的作用，由此可以排除沪深300股指期货对退出威胁治理效应的影响。另外，本章还借鉴褚剑和方军雄（2016）的做法，在回归中加入控制变量HS300，当公司股票当年属于沪深300指数成分股时为1，否则为0。控制沪深300股指期货因素之后，回归结果与现有结论基本一致，限于篇幅，未在表中列示。

5.5.2 财富股价敏感性

理性经济人假设认为，经济决策的主体是理性的，以追求自身利益最大化为目标。管理层和控股股东会基于自身利益考虑来进行盈余管理决策，通过权衡成本与收益之间的关系来制定盈余管理策略。外部大股东的退出行为会向市场传递负面信息，进而引发股票价格的下跌（Gopalan，2005）。在这种情况下，管理层和控股股东在进行盈余管理决策时不得不考虑外部大股东退出行为可能带来的负面影响。管理层和控股股东持股市值[②]跟企业股票价格高低有着紧密的关系，股价下跌会导致管理层和控股股东持股市值的缩水，损害其自身利益。例如，对于控股股东而言，股价下跌不仅会导致持股财富减少，同时还会增加股权质押的风险敞口。此时，决策主体的财富股价敏感性越高，外部大股东退出威胁的公司治理作用越强。基于此，本章构建如下模型：

---

① 2010年3月31日证监会正式实施融资融券制度，2010年4月16日中国金融期货交易所推出了沪深300股指期货，两者之间仅相差了16天。因此，有必要区分这两个政策的经济后果。

② 在我国民营企业管理层持股现象较为普遍，而在国有企业则较少。但是随着2016年8月证监会《上市公司股权激励管理办法》的实施，在不久的未来将有更多企业高管持有公司股票，此时高管财富就与股价紧密联系在一起。

$$EM_{it} = \mu_0 + \mu_1 ET_{it} + \mu_2 ET_{it} \times WPS_{it} + \mu_3 WPS_{it} + \mu_4 Control_{it} + \sum Year_{it} + \sum Ind_{it} + \varepsilon \quad (5.13)$$

其中，WPS_{it}为i公司在第t年的财富股价敏感性，分别包括管理层财富股价敏感性WPS_M和控股股东财富股价敏感性WPS_C，分别为管理层和控股股东年末的持股市值（单位：千亿元）①。控股股东和管理层持股数据来自CSMAR数据库。同时，本章数据中有5 101个样本的高管并未持有上市公司股票，这部分数据存在一定的截尾问题。因此，在回归时本章删除了高管未持股的样本。

从表5-6中可以发现退出威胁和管理层财富股价敏感性的交乘项$ET_{it} \times WPS_M_{it}$与盈余管理分别在0.05和0.01的水平上显著负相关。另外，退出威胁和控股股东财富股价敏感性的交乘项$ET_{it} \times WPS_C_{it}$与盈余管理均在0.05的水平上显著负相关。具体而言，当管理层和控股股东对财富股价敏感性较高时，退出威胁对盈余管理的约束作用更大。也就是说，管理层和控股股东出于维护自身持股财富的考虑，会对外部大股东的退出威胁做出积极反应，降低企业盈余管理的程度，真实地向外披露财务信息。该结论是对Edmans等（2013）和Bharath等（2013）文献的有益补充。

表5-6　**基于财富股价敏感性和市值管理敏感性的进一步研究结果**

变量	Management's wealth-stock price sensitivities		Controlling shareholder's wealth-stock price sensitivities		Market value management（2014—2015）	
	AEM	REM	AEM	REM	AEM	REM
ET_{it}	-0.393^{***}	-0.341^{***}	-0.355^{***}	-0.315^{***}	-0.357^{***}	-0.432^{***}
	（-8.229）	（-4.795）	（-9.162）	（-8.415）	（-5.409）	（-3.213）
$ET_{it} \times WPS\_M_{it}$	-1.092^{**}	-3.635^{***}				
	（-1.971）	（-2.722）				
WPS_M_{it}	-0.000	-0.000				
	（-0.425）	（-0.241）				

① 姜付秀等（2015）采用持股比例来界定财富集中度，这种做法忽视了不同规模公司股票市值之间的差异，可能会导致小公司的管理层、控股股东具有更高的股价敏感性。因此，在设计财富股价敏感性时应该考虑持股市值而不是持股比例。

续表

变量	Management's wealth-stock price sensitivities		Controlling shareholder's wealth-stock price sensitivities		Market value management (2014—2015)	
	AEM	REM	AEM	REM	AEM	REM
ET_{it}×WPS_C_{it}			-0.003^{**}	-0.005^{**}		
			(−2.283)	(−2.565)		
WPS_C_{it}			−0.000	−0.000		
			(−0.342)	(−0.475)		
ET_{it}×MVM_{it}					-0.813^{***}	−1.172
					(−7.021)	(−0.877)
MVM_{it}					0.023	0.019^{*}
					(1.186)	(1.764)
Control	YES	YES	YES	YES	YES	YES
Adj-R^2	0.077	0.053	0.075	0.055	0.084	0.054
N	11 979	11 979	17 080	17 080	3 363	3 363

注：* $p<0.10$，** $p<0.05$，*** $p<0.01$；括号内为t值；标准误差经过了公司和年度层面的cluster处理。

5.5.3 市值管理敏感性

2014年5月9日，国务院发布《关于进一步促进资本市场健康发展的若干意见》(以下简称“新国九条”)，首次提出“鼓励上市公司建立市值管理制度”，这宣告中国上市公司市值管理进入到规范化和制度化阶段。在市值管理被写入资本市场顶层设计的文件之后，上市公司的管理层和控股股东对股价更为关心，市值管理已经逐渐成为董事会和管理层的核心管理工作，甚至有上市公司直接将市值管理纳入管理层年度考核中。在“新国九条”颁布之后，管理层和控股股东会更加关注公司的市值。此时，为了避免公司市值的缩水，管理层和控股股东在遇到外部大股东的退出威胁时会减少私利行为。基于此，本章构建如下模型：

$$EM_{it} = \zeta_0 + \zeta_1 ET_{it} + \zeta_2 ET_{it} \times MVM_{it} + \zeta_3 MVM_{it} + \zeta_4 Control_{it} + \sum Year_{it} + \sum Ind_{it} + \varepsilon \tag{5.14}$$

其中，MVM_{it}为i公司在第t年的市值管理情况，本章采用文本挖掘技术寻找企业进行“市值管理”的证据。当企业在年报中出现“市值管理”的相关描述时MVM为1，否则为0。考虑到“市值管理”是2014年被写入资本市场设计文件中的，所以此处仅选择2014年至2015年的样本，其中有114个年度观测样本的年报中有“市值管理”的相关论述。

从表5-6中可以看出，退出威胁和市值管理的交乘项$ET_{it} \times MVM_{it}$与应计盈余管理分别在0.01的水平上显著负相关，这可以说明退出威胁对进行市值管理企业的应计盈余管理的约束力更强。其经济学意义在于，退出威胁每上升一个标准差，可以降低重视市值管理企业22.683%的应计盈余管理程度，而对未重视市值管理的企业来说，应计盈余管理的降低幅度仅为6.921%。退出威胁和市值管理的交乘项$ET_{it} \times MVM_{it}$与真实盈余管理的回归系数同样为负数，但是t值仅为-0.877。整体而言，实证结果表明，在重视市值管理的企业中退出威胁的治理作用更大。

有趣的是，市值管理MVM_{it}与盈余管理均正相关，其中与真实盈余管理在0.1的水平上显著。市值管理在资产市场中一直存在疑义，部分上市公司和投资者认为市值管理就是股价管理，导致股价操纵行为盛行。本章发现进行市值管理公司的盈余管理程度更高，这在一定程度上可以说明我国上市公司的确存在通过盈余管理来操控股价的现象。这种现象与“新国九条”的初衷是背道而驰的，本章认为出现这个问题的原因在于：国务院虽然在2014年的“新国九条”中提出了“市值管理”理念，但是却一直未出台正式的“上市公司市值管理制度指引”，导致上市公司对“市值管理”的解读存在一定的误区，不可避免地使得部分上市公司走极端。从中国资本市场目前实际运作来看，不少公司打着“市值管理”的旗号涉嫌操纵市场、进行内幕交易等。由此可见，监管部门应该尽快出台“上市公司市值管理制度指引”，积极引导上市公司形成正确的市值管理理念，帮助上市公司运用科学合理的方法实现公司价值的提升。同时，监管层应该严守监管底线，及时严格执法，净化我国的市值管理市场，切实保护投资者的利益。

5.6 本章小结

从社会心理学角度来看，威胁已经成为交易双方进行讨价还价的一种常用伎俩，被广泛地应用到企业决策博弈中。企业的外部大股东为了维护自身的利益，经常会采用退出威胁的方式来迫使控股股东或管理层做出对其有利的决策，进而实现公司治理。本章将社会心理学中的威胁引入到公司治理中，重点考察了退出威胁对企业盈余管理行为的影响机理。本章的研究结论主要有两点：第一，退出威胁能够发挥企业盈余管理治理的作用。退出威胁与应计盈余管理和真实盈余管理均显著负相关，即退出威胁越高时企业的盈余管理程度越低，退出威胁“治理假说”得到论证。该结论在控制内生性问题之后依然稳健。第二，退出威胁发挥盈余管理治理作用在控股股东、管理层对股价较为敏感，即当企业为卖空标的、财富股价敏感性较高或者企业重视市值管理时，效应更为显著。

第6章　外部大股东退出威胁与企业高管在职消费

6.1　研究问题的提出

威胁是指用武力、权势胁迫，使某人面临危险。在社会心理学中，威胁是谈判惯用伎俩，可以改变人对事情的认识，通过施加压力迫使对方做出让步，最终的目的是交流和谈判。在经济活动中，利益主体常将威胁作为博弈手段，给对方施加压力以讨价还价，迫使对方做出退让。退出威胁是近期国际财务和会计学界兴起的一个前沿性研究领域，已有文献证明外部大股东可以通过监督机制（用手投票）、退出威胁机制（用嘴投票）和退出机制（用脚投票）来缓解股东经理人利益冲突，降低代理成本以实现公司治理。但退出威胁因为难以观察，传统研究并未给予足够深入的考察。

在职消费，亦称职务消费，主要是指管理者在履行职责过程中发生的、由企业支付的各种消费，如豪华办公室以及各种餐饮娱乐消费等。

对于企业而言，在职消费是企业经营中一项必要的活动，并在一定程度上体现了管理者的权威；对于管理者而言，在职消费则是企业支付给管理者的一项非货币收益。我国上市公司在职消费多年来居高不下，已成为一种普遍现象。基于合作博弈的分析视角，一般而言，在我国企业中，尤其是国有企业，在职消费的数额远大于企业支付给管理者的货币报酬（陈冬华等，2010）。根据陈冬华等（2010）所述，作为公司正常经营的需要以及股东与管理者之间契约不完备性的产物，在职消费具有一定的合理性。正常的在职消费可作为对经理努力工作的一种回报，非国有企业中合理的高管职务消费是一种政府关系资本投资，能够提升企业业绩。

传统经济理论都是建立在“经济人”的基础上的，随着社会心理学、行为经济学和行为金融学的兴起，人们对传统经济理论无法解释的异象有了不同的认识。现有文献主要从公司治理、市场化水平、机构投资者持股水平、经理人异质性等视角出发，寻找企业高管在职消费的影响因素，但是鲜有文献能从退出威胁的角度来研究其对高管超额在职消费的影响。芝加哥学派奉行“股东积极主义”，认为大股东积极参与公司治理可以确保市场经济的有效运行（Brav 等，2008；Bebchuk 等，2015）。西方发达国家的资本市场发展较为成熟，股权结构较为分散，代理问题更多的表现为股东和管理层之间的矛盾，股东有动机约束管理层的机会主义行为（陈克兢，2019）。处于信息优势地位的大股东，作为内部知情交易者，其退出行为往往会导致市场对公司价值的评价降低，进而导致公司股票价格的下跌，有能力使得持有较多股票的管理层利益受损。虽然大股东有动机和能力参与公司治理，但是并非所有大股东目标均一致，在新兴资本市场，控股股东侵占其他股东利益的现象较为严重（Djankov 等，2008）。中国等新兴资本市场的公司股权结构表现出高度集中且“一股独大”的特点。控股股东通过控制董事会，派出自己的直接代表或者自己本人担任公司董事长或首席执行官，从而掌握公司资源支配权。控股股东还可以通过资金占用（姜国华、岳衡，2005；Jiang 等，2010）、关联交易、盈余管理（Leuz 等，2003）等手段，侵害中小股东利益。而持股比例较低的中小股东面对公司治理问题因为成本效益问题往往会选择搭便车。相较于前两者，外部大股东持股比例较高且具有相关专业化知识，更有动机和能力关注公司治理问题。但因为我国的市场规范程度、投资者法律保护以及公司治理水平与发达国家还存在着较大的差距，此时仍需要进一步验证外部大股东的退出威胁作用能够发挥的程度。目前，有四篇退出威胁的文章以中国资本市场为研究对象：姜付秀等（2015）、Hope等（2017）、陈克兢（2018，2019）分别从控制权私利、管理层私利、盈余管理、代理成本的角度，考察了外部大股东和非管理者大股东退出威胁的公司治理效应。研究结果表明，退出威胁可以约束控股股东和管理层的私利行为，约束企业盈余管理行为，降低代理成本，进而提高公司业绩。姜付秀等（2015）、Hope等（2017）的研究初步证实了退出威胁公司治理效应适用于中国资本市场，这为开展本土化的退出威胁治理研究提供了有益的启示和初步的证据。

本章的贡献主要体现在以下两个方面：第一，丰富和发展了公司治理领域的文献。本章从社会心理学视角出发，将退出威胁纳入了公司治理研究框架，分析了退出威胁对高管非正常在职消费的治理作用，为退出威胁影响企业微观行为提供了来自新兴资本市场国家的经验证据。Dou等（2016）认为大股东退出威胁可以提高企业的财务信息质量，本研究拓展了芝加哥学派的"股东积极主义"的理论文献，证实了退出威胁的治理作用同样存在于新兴资本市场国家。国内鲜有文献研究退出威胁的治理作用，仅有姜付秀等（2015）、Hope等（2017）、陈克兢（2018，2019）分别基于控制权私利、管理层私利、盈余管理、代理成本探讨了退出威胁的公司治理效应。本章从高管非正常在职消费视角出发，考察了外部大股东退出威胁对高管非正常在职消费的治理作用，这是对姜付秀等（2015）、Hope等（2017）、陈克兢（2018，2019）文献的有益补充和拓展。第二，进一步揭示了退出威胁影响公司治理的潜在机制。本章发现当企业为可卖空标的股或管理层对股价较为敏感时，退出威胁的治理作用更为显著。这表明只有在决策主体在乎股价的前提下，退出威胁才能真正发挥作用，由此厘清了退出威胁影响公司治理、财务决策的渠道。

6.2 文献回顾与理论分析

6.2.1 文献回顾

(1) 大股东的公司治理作用

各地的经济和政治制度背景的不同，造成现有文献对大股东有多种界定。大陆法系国家Laeven等（2007）将持股超过10%的股东定义为大股东。英美法系国家Holderness（2009）、Bharath（2013）等则将大股东定义为持股超过5%的股东。我国学者李增泉（2017）、姜付秀等（2015）分别以持股5%和10%作为识别大股东的标准。2017年，证监会发布公告《上市公司股东、董监高减持股份的若干规定》（证监会公告〔2017〕9号），公告中明确指出上市公司控股股东和持股5%以上股东统称大股东。因此本章将持股超过5%的股东定义为大股东，进一步地将持股超过5%且不掌握控制权的大股东定义为外部大股东。

已有文献证明外部大股东可以通过监督机制（用手投票）、退出威胁机制（用嘴投票）和退出机制（用脚投票）来缓解股东经理人利益冲突，降低代理成本以实现公司治理。外部大股东实现公司治理的链条，首先往往会选择用手投票，即大股东通过事前监督，如提交议案、策略性投票、协商谈判、提议更换管理层、获取董事会席位、否决高管薪酬方案等，来减少管理层机会主义行为，实现公司治理效应。其次，会选择用嘴投票，即发出退出信号以进行威胁，基于信号传递理论，处于信息优势地位的大股东，作为内部知情交易者，其退出行为往往会导致市场对公司价值的评估降低，进而导致公司股票价格下跌，使得持有较多股票的管理层利益受损，以此迫使管理层减少机会主义行为，陈克兢（2018，2019）发现外部大股东退出威胁可以有效约束企业盈余管理行为，降低企业的代理成本。最后，若上述两种途径均未能有效约束管理层私利行为以达到外部大股东公司治理的目的，外部大股东会选择退出。Parrino等（2003）和Gopalan（2005）发现，大股东退出会增加高管被强制变更和公司被并购的概率，为退出机制发挥治理作用提供了直接的经验证据。

（2）高管在职消费的影响因素

从企业内部探讨在职消费影响因素的研究有：冯根福和赵钰航（2012）研究发现管理者持股比例与在职消费之间呈替代关系，管理者持股比例的增加能够抑制在职消费，进而提高公司业绩；李宝宝和黄寿昌（2012）研究发现影响国有企业在职消费动机的激励因素主要有管理者与员工之间的薪酬差距、管理者的现金薪酬、管理者的持股水平、管理者的平均年龄以及公司规模；陈怡秀等（2017）、陈效东和周嘉南（2016）研究发现实施福利型股权激励的企业倾向于通过内部投资提高管理者的在职消费水平；从企业外部探讨在职消费影响因素的研究有：褚剑和方军雄（2016）从政府监管角度研究了审计署实施政府审计对央企高管超额在职消费的影响；徐细雄和谭瑾（2014）研究结果显示相比上市公司所在地区、所在行业高管薪酬均值，上市公司高管的薪酬水平越低，企业高管越可能产生自身利益被侵蚀的消极心理，进而很可能通过在职消费进行替代性激励补偿。

（3）现有文献评述

退出威胁是现阶段公司治理研究的前沿领域，学者们已经积累了一些有价值的研究成果，证明了大股东退出威胁的治理作用，但是还是有一些问题亟待解决：

第一，现阶段学术界对退出威胁治理效应的考察主要基于西方国家第一类代理问题的经验总结，但我国正处于经济转型的重要战略期，具有公司股权结构高度集中的新兴资本市场的特征，我国的第二类委托代理问题较为严重，市场规范程度、投资者法律保护以及公司治理水平与发达国家还存在着较大的差距，因此仍需要进一步验证外部大股东的退出威胁作用在新兴资本市场能够发挥的程度。

第二，现有研究大多忽视了大股东异质性，没有将控股股东和外部大股东完全细分开。我国市场作为新兴资本市场，第二类代理问题比较严重，即控股股东侵占中小股东利益的现象时有发生，相较于前者，外部大股东更有动机关注公司治理问题。

第三，现有文献关于大股东退出威胁的计量方法往往有着严重的内生性问题。Hope等（2017）和姜付秀等（2015）基于股权分置改革设置了退出威胁虚拟变量，而Dou等（2018）则构建了股票流动性与大股东竞争程度的交乘项来计量退出威胁。这些计量方法为后续退出威胁的研究提供了有益的启示。

6.2.2 理论分析与研究假设

外部大股东有动机降低高管超额在职消费：中小股东由于持股较少，在涉及公司治理的方面，往往因为成本收益问题选择搭便车，而相较于前者更具备专业化知识的外部大股东，可通过监督管理层来提高公司价值（Shleifer和Vishny，1986），并从这部分价值提升中获取收益来弥补监督成本。作为股东与管理者之间契约不完备性的产物，在职消费具有一定的合理性，但超额在职消费一般会转化为代理成本。外部大股东持股较多，持股市值与企业的治理状况和业绩表现息息相关，因此外部大股东有动机降低高管在职消费。

外部大股东有能力降低高管超额在职消费：基于信号传递理论，处于信息优势地位的大股东，其退出行为往往会导致市场对公司价值的评估降低，进而导致公司股票价格的下跌，使得持有较多股票的管理层利益受损，以此迫使管理层减少机会主义行为；Hope等（2017）、Edmans和Holderness（2017）、陈克兢（2019）发现可置信的退出威胁可以缓解股东与管理层之间的代理问题，因此外部大股东有能力降低高管超额在职消费。

研究假设6-1：外部大股东退出威胁可以发挥治理作用，即退出威胁可以有效约束高管超额在职消费行为。

在持股市值较大时，管理层和控股股东更关心股票的价格，此时大股东退出造成管理层财富和控股股东财富的损失更大。因此，退出威胁的治理效应在管理层持股市值或控股股东持股市值越大的企业越明显。因此本章提出如下假设：

研究假设6-2：外部大股东退出威胁在管理层持股市值越大的企业对高管超额在职消费行为的约束作用越明显。

6.3 实证设计

6.3.1 数据选择与样本来源

本章以2010年至2018年沪深两市A股上市民营公司为研究对象，剔除了ST公司、数据缺失公司、金融行业公司和财务数据异常公司，最终得到11 432个公司年度观测样本。书中所涉及的数据均来自Wind中国金融数据库和CSMAR数据库。为了排除极端值的影响，本章对所有连续型变量进行了1%和99%的Winsorize缩尾处理。

6.3.2 变量设计与定义

（1）被解释变量

本章用超额在职消费（Abperk）作为管理层自利行为的衡量指标：参考Luo等（2009）的研究模型，采用管理层在职消费与由经济因素决定的高管预期正常的在职消费之间的差额表示，通过模型对样本进行分行业分年度回归得到实际在职消费（Perk）的预测值为正常在职消费，二者的差额为超额在职消费（Abperk）。

$$\frac{Perk_t}{Asset_t - 1} = \partial_0 + \partial_1\frac{1}{Asset_t - 1} + \partial_2\frac{\Delta Sales_t}{Asset_t - 1} + \partial_3\frac{\Delta PPE_t}{Asset_t - 1} + \partial_4\frac{\Delta Inventory_t}{Asset_t - 1} + \partial_5 Lnemployee_t + \varepsilon \tag{6.1}$$

其中，Perk为企业实际在职消费，本章采用管理费用扣除董事、高管以及监事会成员薪酬、计提的坏账准备、存货跌价准备以及无形资产摊销额等明显不属于在职消费的项目之后的金额衡量企业的实际在职消费；Asset为总资产；ΔSales为主营业务收入变动额；ΔPPE为固定资产净值变动额；ΔInventory为存货总额变动额；Lnemployee为企业员工数的自然对数。

（2）解释变量

退出威胁ET：借鉴Dou等（2016）的做法，以流动性和大股东竞争程度的乘积作为退出威胁的代理变量。流动性LIQUIDITY：采用流通股日均股票换手率。大股东竞争程度BHCOMP：其计量模型如下所示：

$$BHCOMP_{it} = -1 \times \sum_{k=1}^{N}\left(\frac{Block_{k,i,t}}{Block_{it}}\right)^2 \qquad (6.2)$$

其中，$BHCOMP_{it}$为第i个企业第t年大股东的竞争程度。$Block_{k,i,t}$为第i个企业第t年中第k个大股东的持股比例；$Block_{it}$为第i个企业第t年中所有大股东的持股比例之和，此处的持股比例均指的是流通股的比例。

退出威胁ET的计量公式如下：

$$ET_{it} = LIQUIDITY_{it} \times BHCOMP_{it} \qquad (6.3)$$

（3）控制变量

根据以往文献，本章从企业基本特征和公司治理特征两方面，选取了相关控制变量。企业基本特征方面的控制变量包括企业规模（Size）、偿债能力（Lev）、上市年龄（Age）、盈利能力（ROA）、自由现金流（FCF）、成长能力（Growth）、股权集中度（Top1）；公司治理特征方面的控制变量包括董事会规模（Dsize）、独立董事比例（Dir）、高管持股比例（Mp）、高管薪酬（Pay）。此外，我们还控制了年度和行业虚拟变量，具体见表6-1。

表6-1 **变量定义与计量**

变量类型	变量名称	变量符号	变量定义
被解释变量	超额在职消费	Abperk	由Luo等（2009）的研究模型得出
解释变量	大股东竞争程度	BHCOMP	第i个企业第t年大股东的竞争程度
	流动性	LIQUIDITY	流通股日均股票换手率
	退出威胁	ET	流动性与大股东竞争程度的乘积 LIQUIDITY×BHCOMP
控制变量	企业规模	Size	总资产的自然对数
	自由现金流	FCF	自由现金流净值/总资产
	成长能力	Growth	营业收入增长率
	盈利能力	ROA	本年净利润/本年年均总资产
	偿债能力	Lev	总负债/总资产
	上市年龄	Age	自公司上市以来年数的对数
	股权集中度	Top1	第一大股东持股比例

续表

变量类型	变量名称	变量符号	变量定义
控制变量	董事会规模	Dsize	董事会人数的自然对数
	独立董事比例	Dir	独立董事人数/董事人数
	高管薪酬	Pay	前三名高管薪酬的自然对数
	高管持股比例	Mp	高管人员的持股总数/总股本
	年度虚拟变量	Year	控制年度效应
	行业虚拟变量	Ind	控制行业效应

6.3.3 模型设计

本章构建检验模型，以此来分析退出威胁对企业高管非正常在职消费的影响机理，具体如下：

$$\begin{aligned} Abperk_{it} = & \beta_0 + \beta_1 BHCOMP_{it} + \beta_2 LIQUIDITY_{it} + \beta_3 ET_{it} + \beta_4 Size_{it} + \beta_5 FCF_{it} \\ & + \beta_6 Growth_{it} + \beta_7 ROA_{it} + \beta_8 Lev_{it} + \beta_9 Age_{it} + \beta_{10} Top1_{it} + \beta_{11} Dsize_{it} \\ & + \beta_{12} Dir_{it} + \beta_{13} Pay_{it} + \beta_{14} Mp_{it} + \sum Year_{it} + \sum Ind_{it} + \varepsilon \end{aligned} \quad (6.4)$$

其中$Abperk_{it}$为i公司在第t年的高管超额在职消费；ET_{it}为i公司在第t年的退出威胁。如果退出威胁ET_{it}的回归系数β_3显著为负，则说明退出威胁可以有效地约束高管非正常在职消费，本章的“治理假说”将得以证明。

6.4 实证结果与分析

6.4.1 描述性统计分析

表6-2为本章主要变量的描述性统计分析结果，其中超额在职消费（Abperk）的均值为0.002，标准差为0.041，说明不同企业间超额在职消费水平存在明显差异。限于篇幅，其他变量的描述性统计分析结果不再赘述。

表6-2 主要变量的描述性统计分析

变量	N	Mean	SD	Min	p25	Median	p75	Max
Abperk1	11 432	0.002	0.041	-0.167	-0.016	0.002	0.022	0.116
BHCOMP	11 432	-0.600	0.265	-1.000	-0.800	-0.551	-0.390	-0.091
LIQUIDITY	11 432	0.025	0.021	0.003	0.011	0.019	0.032	0.110
Size	11 432	21.754	1.080	19.376	20.966	21.655	22.395	25.081
FCF	11 432	-0.120	0.269	-1.144	-0.248	-0.061	0.066	0.336
Growth	11 432	0.425	1.173	-0.671	-0.017	0.148	0.445	8.891
ROA	11 432	0.045	0.057	-0.216	0.019	0.043	0.072	0.205
Lev	11 432	0.378	0.201	0.045	0.213	0.360	0.522	0.872
Age	11 432	1.844	0.803	0.000	1.099	1.946	2.485	3.219
Top1	11 432	0.324	0.141	0.0793	0.216	0.302	0.415	0.714
Dsize	11 432	2.098	0.186	1.609	1.946	2.197	2.197	2.485
Dir	11 432	0.376	0.053	0.333	0.333	0.333	0.429	0.571
Pay	11 432	14.265	0.704	12.610	13.805	14.242	14.699	16.220
Mp	11 432	0.107	0.162	0.000	0.000	0.015	0.165	0.638

6.4.2 单因素分析

本章采用T检验考察了不同退出威胁样本组之间变量的差异。分别以退出威胁ET的平均值作为标准将样本分为高退出威胁样本组和低退出威胁样本组。表6-3为单因素分析结果，从表中发现高退出威胁样本组的高管超额在职消费的平均值低于低退出威胁样本组，这种组间差异均在0.01的水平上显著，表明在退出威胁越高时，民营企业的高管超额在职消费越低，初步验证了本章的假设。限于篇幅，本章未对其他控制变量的组间差异进行论述。本章还进行了相关性检验，结果显示主要变量之间不存在多重共线性问题。限于篇幅，不再赘述。

表6-3 单因素分析

Variable	high-exit-threat sample group Average	low-exit-threat sample group Average	T test
Abperk	0.001	0.005	-0.003^{***}
Size	21.934	21.431	0.503^{***}
FCF	-0.114	-0.13	0.016^{***}
Growth	0.438	0.402	0.036
ROA	0.046	0.042	0.005^{***}
Lev	0.39	0.355	0.036^{***}
Age	1.976	1.607	0.368^{***}
Top1	0.307	0.355	-0.048^{***}
Dsize	2.108	2.08	0.028^{***}
Dir	0.375	0.379	-0.004^{***}
Pay	14.34	14.131	0.209^{***}
Mp	0.097	0.125	-0.028^{***}

6.4.3 多元回归分析

从表6-4的回归分析结果可知，外部大股东退出威胁ET与企业高管在职消费水平在0.01的水平上显著负相关，回归系数为-0.238，这说明外部大股东退出威胁越高的企业，其高管超额在职消费水平越低，支持了本章的假设。

表6-4 多元回归分析

Variable	Full sample (1)	High WPS (2)	Low WPS (3)
BHCOMP	0.002	0.014^{***}	-0.006
	(0.766)	(3.691)	(-1.370)
LIQUIDITY	-0.143^{***}	-0.218^{***}	-0.036
	(-2.684)	(-3.609)	(-0.353)
ET	-0.238^{***}	-0.433^{***}	-0.058
	(-2.767)	(-4.272)	(-0.392)
Control	YES	YES	YES
N	11 432	5 713	5 719
Adj-R^2	0.126	0.143	0.112

注：* $p < 0.10$，** $p < 0.05$，*** $p < 0.01$；括号内为t值；标准误差经过了公司层面的cluster处理。

6.4.4 内生性检验

（1）卖空机制

卖空是一类重要的市场交易机制，能够有效提升资本市场的有效性。2010年3月31日，沪深交易所公布了首批90只融资融券交易试点标的，由此我国资本市场正式引入卖空机制。通常来说，卖空交易者是知情交易者（informed trader），通过揭露上市企业财务问题，触发市场反应，给相关企业带来惩戒（Karpoff和Lou，2010）。卖空管制得到放松的企业，股票流动性会更高，退出威胁的作用将得到更大程度的发挥。具体检验模型设计如下：

$$Abperk_{it} = \xi_0 + \zeta_1 BHCOMP_{it} + \zeta_2 SS_{it} + \zeta_3 BHCOMP_{it} \times SS_{it} + \xi_4 Control_{it} + \sum Year_{it} + \sum Ind_{it} + \varepsilon \tag{6.5}$$

其中，SS为放松卖空管制，本章参考Chen等的方法，当企业当年为融券标的时SS值为1，否则取值为0。当BHOMP×SS的回归系数显著为负时，这说明放松卖空管制可以增强退出威胁对企业管理层超额在职消费的治理效应。从表6-5列（1）的回归结果可知，BHOMP×SS的回归系数均在0.01的水平上显著为负，这说明外部大股东退出威胁对管理层超额在职消费存在抑制作用。

表6-5 内生性检验

Variable	Dependent variable = Abperk					
	Full sample	High WPS	Low WPS	Full sample	High WPS	Low WPS
	(1)	(2)	(3)	(4)	(5)	(6)
BHCOMP	-0.001	0.006**	-0.006**	-0.007***	-0.004	-0.007*
	(-0.519)	(2.531)	(-2.064)	(-3.179)	(-1.409)	(-1.949)
SS	-0.005	-0.016***	0.004			
	(-1.581)	(-3.867)	(0.792)			
BHCOMP×SS	-0.011***	-0.023***	-0.002			
	(-2.663)	(-3.632)	(-0.386)			

续表

Variable	Dependent variable = Abperk					
	Full sample	High WPS	Low WPS	Full sample	High WPS	Low WPS
	(1)	(2)	(3)	(4)	(5)	(6)
RR				0.029***	0.057***	-0.008
				(4.151)	(7.293)	(-0.712)
BHCOMP×RR				0.008***	0.012***	-0.001
				(2.662)	(3.141)	(-0.211)
Control	YES	YES	YES	YES	YES	YES
N	11 432	5 713	5 719	11 432	5 713	5 719
Adj-R^2	0.126	0.142	0.114	0.135	0.180	0.118

注：* $p < 0.10$，** $p < 0.05$，*** $p < 0.01$；括号内为t值；标准误差经过了公司层面的cluster处理。

（2）大股东减持限制RR

为维护证券市场稳定，2015年7月8日，证监会发布证监会公告〔2015〕18号（以下简称《18号文》），暂停上市公司控股股东和持股5%以上股东（以下并称大股东）及董事、监事、高级管理人员（以下简称董监高）通过二级市场减持股份，《18号文》到期后，证监会紧接着又制定了《上市公司大股东、董监高减持股份的若干规定》（以下简称《减持规定》），自2016年1月9日起施行。

《减持规定》的出台会降低股票的流动性。RR为加大对大股东的减持限制力度，2015年及之后年度赋值为1，其余年度样本赋值为0。当BHOMP×RR的回归系数显著为正时，这说明加大对大股东的减持限制力度会削弱退出威胁对企业管理层超额在职消费的治理效应。从表6-5列（4）的回归结果可知，BHOMP×RR的回归系数在0.01的水平上显著为正，这说明外部大股东退出威胁对管理层超额在职消费存在抑制作用。

$$Abperk_{it} = \xi_0 + \zeta_1 BHCOMP_{it} + \zeta_2 RR_{it} + \zeta_3 BHCOMP_{it} \times RR_{it} + \xi_4 Control_{it} + \sum Year_{it} + \sum Ind_{it} + \varepsilon \quad (6.6)$$

6.4.5 稳健性检验

为了确保研究结果的可靠性，本章还从以下两个方面进行了稳健性检验：

（1）更换因变量

本章借鉴陈冬华等（2010）的方法，将办公费、差旅费、业务招待费、通信费、出国培训费、董事会费、小车费和会议费八项与高管在职消费有关的费用之和作为企业的在职消费（Perk），代入模型（6.4）进行计算，得到的残差作为超额在职消费的代理变量（Abperknew）。从表6-6的回归结果可知，更换因变量之后，退出威胁（ET）与超额在职消费（Abperknew）的回归结果依然显著为负。

表6-6 稳健性检验

Variable	Dependent variable = Abperknew			Dependent variable = Abperk		
	Full sample	High WPS	Low WPS	Full sample	High WPS	Low WPS
	(1)	(2)	(3)	(1)	(2)	(3)
ET	-0.035^{***}	-0.062^{***}	-0.013			
	(-3.086)	(-3.558)	(-0.868)			
BHCOMP	-0.000	0.000	-0.001^{*}			
	(-0.767)	(0.732)	(-1.776)			
ETnew				-0.034^{*}	-0.068^{***}	0.024
				(-1.651)	(-2.958)	(0.571)
BHCOMPnew				-0.000	0.001	-0.001
				(-0.096)	(0.796)	(-1.203)
LIQUIDITY	-0.002	-0.011	0.005	0.076	0.197^{***}	-0.058
	(-0.298)	(-1.258)	(0.584)	(1.244)	(2.932)	(-0.531)
Control	YES	YES	YES	YES	YES	YES
N	11 432	5 713	5 719	11 432	5 713	5 719
Adj-R^2	0.033	0.043	0.033	0.125	0.143	0.111

注：$^{*}p<0.10$，$^{**}p<0.05$，$^{***}p<0.01$；括号内为t值；标准误差经过了公司层面的cluster处理。

(2) 更换自变量

前文中的退出威胁是以流通性与大股东竞争程度的交乘项来计量的，在此本章更换大股东竞争程度的计量方法重新计算退出威胁。Edmans和Holderness（2017）指出，大股东退出的有效性很大程度上取决于大股东的数量（BHCOMPnew），大股东数量越多退出的可能性越大。因此，本章借鉴Dou等（2016）的做法，以外部大股东数量（BHCOMPnew）作为大股东竞争程度的代理变量，重新计算了样本企业的退出威胁程度，实证分析结果与前文结论一致。

6.5 进一步分析

6.5.1 信息环境

本章分别采用股价同步性和信息透明度来衡量企业的信息环境，股价同步性越高、信息透明度越低表示企业的信息环境越差，此时外部大股东退出威胁对超额在职消费的抑制作用更为显著。参考Gul等（2010）的方法，本章采用市场模型计算股价同步性。本章使用近三年可操纵性应计盈余的绝对值的总和来衡量企业信息透明度，该值越大表示信息透明度越低。本章按照股价同步性和信息透明度的分年度中位数进行了分组检验，从表6-7中的结果可知外部大股东退出威胁对超额在职消费的影响仅在股价同步性高、信息透明度低的企业中显著。

表6-7 基于信息环境的进一步分析

Variable	stock price synchronization		information transparency	
	High	Low	Good	Bad
	(1)	(2)	(3)	(4)
BHCOMP	0.008**	−0.002	−0.002	0.010**
	(2.267)	(−0.379)	(−0.444)	(2.292)

续表

Variable	stock price synchronization		information transparency	
	High	Low	Good	Bad
	(1)	(2)	(3)	(4)
LIQUIDITY	-0.205***	-0.072	-0.065	-0.318***
	(-2.720)	(-0.956)	(-1.059)	(-2.957)
ET	-0.457***	-0.075	-0.043	-0.678***
	(-4.097)	(-0.588)	(-0.410)	(-4.396)
Control	YES	YES	YES	YES
N	5 713	5 719	5 717	5 715
Adj-R^2	0.135	0.131	0.164	0.113

注：* $p < 0.10$，** $p < 0.05$，*** $p < 0.01$；括号内为t值；标准误差经过了公司层面的cluster处理。

6.5.2 公司治理环境

董事会是公司治理机制的重要组成部分，是股东用来控制经理人使经理人代表股东行事的主要方式。遵循Bhagat和Bolton（2008）的方法，本书使用CEO和董事长二元性以及独立董事比例作为衡量公司治理的代理。其中，首席执行官主席二元性变量（Both）是一个虚拟变量，如果首席执行官兼任董事会主席，该变量的值为1。如果CEO是董事会主席，公司治理状况会更糟。另外，独立董事比例指标（ID），如果独立董事比例高于样本中值，则该变量赋值为1，否则赋值为0。

由表6-8可知，列（1）和列（4）中ET的系数分别为-0.391和-0.395，均在0.01的水平上显著，这表明公司退出威胁对超额在职消费的抑制作用在治理不良的公司中更为显著。统计上的显著性并不代表实际的显著性，所以我们检验“显著组”和“不显著组”之间的组间差异，结果见表6-8。

表6-8 基于公司治理环境的进一步分析

Variable	CEO chair-duality		Board independence	
	Both=1	Both=0	ID=1	ID=0
	(1)	(2)	(3)	(4)
BHCOMP	0.001	0.006	-0.010^{**}	0.013^{***}
	(0.367)	(1.293)	(−2.213)	(3.317)
LIQUIDITY	-0.204^{***}	−0.059	−0.043	-0.233^{***}
	(−2.843)	(−0.766)	(−0.559)	(−3.100)
ET	-0.391^{***}	−0.052	−0.054	-0.395^{***}
	(−3.386)	(−0.412)	(−0.436)	(−3.257)
Control	YES	YES	YES	YES
N	7 264	4 168	5 409	6 023
$Adj\text{-}R^2$	0.116	0.147	0.135	0.124

注：$^{*}p < 0.10$，$^{**}p < 0.05$，$^{***}p < 0.01$；括号内为t值；标准误差经过了公司层面的cluster处理。

6.6 本章小结

在职消费是资本市场中的热点话题，是公司治理监控的重要内容，可以有效反映企业的代理冲突。自2012年年底中央八项规定出台之后，国有企业的在职消费问题得到明显遏制，同时带来了对民营企业在职消费问题的更多关注。本章以沪深A股民营上市公司2010—2018年间的数据为样本，通过实证检验了外部大股东退出威胁对管理层超额在职消费行为的影响。研究发现：第一，外部大股东的退出威胁会抑制管理层企业超额在职消费的增加。该结论在控制内生性问题之后依然稳健。第二，在信息环境薄弱、公司治理环境差的企业中，外部大股东对管理层超额在职消费行为的抑制更显著。

第7章 外部大股东退出威胁与企业代理成本

7.1 研究问题的提出

股权结构决定了公司权利和利益的分配，是公司治理问题的逻辑起点（Becht等，2003）。不论是股权集中的大陆法系国家，还是股权分散的英美法系国家，企业均普遍存在多个大股东。以中国A股上市公司2016年第三季度披露的信息为例，有66.63%的公司除了控股股东之外还存在持股超过5%的大股东（外部大股东），33.79%的公司至少有三个外部大股东。芝加哥学派奉行"股东积极主义"，认为大股东积极参与公司治理可以确保市场经济的有效运行（Brav等，2008；Bebchuk等，2015）。大股东如何发挥治理作用一直是公司治理领域的研究重点，大量文献从监督机制出发探讨大股东的公司治理效应。有部分文献认为退出机制同样可以发挥治理作用，大股东退出行为向市场传递公司价值低的信号，导致公司股票价格的下跌，通过影响管理者的财富来实现公司治理的作用。

大股东退出威胁的公司治理效应是近期国际财务和会计学界兴起的一个前沿性研究领域，Hope等（2017）、Edmans和Holderness（2017）发现可置信的退出威胁可以缓解股东与管理层之间的代理问题。这就将大股东发挥治理作用的链条由传统的“监督（用手投票）→退出（用脚投票）”拓展成“监督（用手投票）→退出威胁（用嘴威胁）→退出（用脚投票）”。在社会心理学中威胁是谈判中惯用的伎俩，可以改变人对事情的认识，通过施加压力来迫使对方做出让步（Deutsch和Krauss，1962）。退出威胁会改变企业决策主体的认知，进而通过影响管理决策来实现公司治理。退出威胁治理理论认为，处于信息优势地位的大股东会采用“用脚投票”的方式来惩罚经理人的私利行为。作为知情交易者，大股东的退出行为往往暗含着公司价值低的信号。因此，市场对大股东退出的解读也是负面的，这会导致公司股票价格的下跌，进而损害持有较多公司股票的管理层的利益。西方发达国家资本市场的股权结构较为分散，代理问题更多的表现为股东与管理层之间的冲突。因此，大股东有能力和动机通过退出威胁来约束管理层的机会主义行为。

在重庆啤酒（600132）“乙肝疫苗”事件中，大成基金的维权行为诠释了外部大股东实现公司治理的路径。2011年12月12日大成基金要求重庆啤酒完善乙肝疫苗研制进展的信息披露，但随之遭到重庆啤酒的拒绝。出于对公司现状的不满，大成基金于21日以持股超过10%流通股股东的身份提出“罢免重庆啤酒董事长黄明贵”的议案，并向重庆啤酒隔空喊话“不换董事长，我们就退出”，通过退出威胁来向企业施压。然而在2012年2月8日股东大会否决了《关于免除黄明贵先生董事职务的议案》，大成基金随之抛售持有的全部股票，引发重庆啤酒股价迅速下挫。由此可见，在实践中外部大股东会通过“监督→退出威胁→退出”这样的流程来实现公司治理。当没法通过“监督”途径来维护利益诉求时，外部大股东会采用退出威胁的方式来“讨价还价”。由于这些私下协商的内容涉及重大交易信息甚至是内幕信息，所以一般并不会对外披露，外界也就无法获取相关信息，这导致学术界忽视了外部大股东退出威胁的治理作用。

正如Jaskiewicz等（2017）所说，虽然大股东能够有效地监督管理者，但是这不意味着所有大股东都有着相同的目标。例如，在新兴资本市场中，代理问题主要表现为控股股东与其他股东之间的矛盾，控股股东侵占其他股东利益的事件屡见不鲜（Djankov等，2008）。控股股东不但没有发挥治理作用，反倒是攫取控制权私利。相对于中小股东而言，外部大股东由于持股较多并具备一定的专业技能，更有动机和能力参与公司治理。当“用手投票”无效时，外部大股东会采取其他措施来维护自身利益。在“用脚投票”之前，外部大股东往往会先释放“退出威胁”，作为与控股股东进行“讨价还价”的筹码。现有退出威胁治理理论是基于第一类代理问题提出的，能否移植到第二类代理问题的研究框架中还不得而知。因此，有必要在第二类代理问题的框架下探讨退出威胁的公司治理作用。

7.2 文献回顾与理论分析

7.2.1 文献回顾

现有文献认为大股东发挥公司治理作用有三个途径：途径一——监督（用手投票）。大股东通过对管理层事前的监督来减少机会主义行为，实现公司治理效应。例如，提交议案（Gillan和Starks，2000）、策略性投票（Bebchuk等，2015；Del等，2008）、协商谈判（Shleifer和Vishny，1986）、提议更换管理层（Helwege等，2012）、获取董事会席位（祝继高等，2015）、否决高管薪酬方案等。途径二——退出（用脚投票）。大股东的退出行为会增加股票的信息含量，向市场传递负面的信号，引发股票价格的下跌，进而发挥公司治理作用。McCahery等（2016）在对118家全球机构投资者的调查中发现，有80%的机构投资者在不满意企业业绩时会将退出策略作为首选的治理手段。Parrino等（2003）和Gopalan（2005）发现大股东退出会增加高管被强制变更和公司被并购的概率，这为退出机制发挥治理作用提供了直接的经验证据。大股东采用“用手投票”和“用脚投票”两种治理方式是相互补充和相互促进的，大股东会出于对特定的环境和成本收益的考虑，相机选择这两种治理机制。然而在第二类代理问题中，控股股东往往扮演着“利益侵占者”的角色，并不能完全发挥治理作用，甚至会对公司治理产生一定的破坏作用（Shleifer和Vishny，1997；Jiang等，2015）。途径三——退出威胁（用嘴威胁）。在现实公司治理活动中，大股东可信的退出威胁也可以有效地发挥治理作用。作为知情交易者，大股东掌握着较多的公司私有信息，这种信息优势会对资本市场中的公司股价产生重要影响。基于这个前提，Palmiter（2001）指出大股东可以通过威胁管理层“卖出持有的股票并导致公司股价下跌”来影响管理决策。而且在企业有多个大股东或股票流动性较强的情况下，这种退出威胁发挥的治理作用更大（Edmans和Manso，2011）。在理论研究上，Admati和Pfleiderer（2009）通过模型推导发现在管理层做出“坏决策”时，大股东退出威胁可以降低股东与管理层之间的代理成本。在实证研究中，Bharath等（2013）和Edmans等（2013）从流动性视角出发找到了大股东退出威胁可以提高公司价值和获取超额市场收益的经验证据。Hope等（2017）和姜付秀等（2015）认为大股东退出威胁可以抑制控制权私利。Dou等（2018）则发现大股东退出威胁可以提高企业的财务报告质量。学者们通过理论研究和实证分析，证实了大股东退出威胁的公司治理效应，这给后续的公司治理研究提供了重要的启示。

现阶段学术界在大股东退出威胁领域已经积累了一些有价值的研究成果，但仍存在一些突出的问题亟待解决和探索：第一，现有研究忽视了大股东异质性，没有将控股股东和外部大股东完全细分开。由于持股动机不同，控股股东和外部大股东之间的利益出发点各不相同。特别是在新兴资本市场国家，控股股东侵占外部大股东利益的事件时有发生，此时研究外部大股东退出威胁的治理效应更有理论价值和现实意义。第二，现阶段退出威胁的治理效应是国外学者基于第一类代理问题提出的论断，但在第二类代理问题严重的新兴资本市场国家中退出威胁理论能否适用，尚未有文献给出明确答案。有必要基于双重委托代理理论，构建一个外部大股东退出威胁发挥治理效应的理论分析框架，检验退出威胁治理理论在中国资本市场中的有效性，为后续研究提供指引。第三，大股东行为相关研究中往往伴随着严重的内生性问题，现有文献很难能找到一个合适的退出威胁计量方法。然而正如Edmans和Holderness（2017）所言，学术研究应该以经济学为导向，而不是以计量经济学为导向。计量上的困难并不能阻止学者们对关于退出威胁的研究，Hope等（2017）和姜付秀等（2015）基于股权分置改革设置了退出威胁虚拟变量，而Dou等（2018）则构建了股票流动性与大股东竞争程度的交乘项来计量退出威胁。这些计量方法给后续研究退出威胁的文献提供了启示。

7.2.2 理论分析与研究假设

在第一类委托代理问题中，代理问题的焦点是股东与管理层之间的利益冲突。外部大股东有动机降低第一类代理成本：在股权分散的公司中，搭便车问题使得中小股东没有足够的激励监督管理层。而外部大股东由于持有较多的股份，企业治理状况的好坏会直接影响到外部大股东的利益。外部大股东监督管理层会提高公司价值（Shleifer和Vishny，1986），外部大股东会从这部分价值提升中获取收益，以此来弥补监督成本。

在西方资本市场中，高管持股是解决现代企业委托代理问题的一个重要手段，被誉为企业激励的“金手铐”。不同于西方资本市场，高管持股虽然在我国已经推广多年，但是目前企业高管持股比例仍然较低。经过对2016年年报进行统计后发现，有2 232家上市公司高管持股，占当年上市公司总数的71.17%。其中，民营企业高管持股有1 653家，国有企业高管持股有579家。虽然有近七成的上市公司高管持有公司股票，但是整体的高管持股比例仍然不高，均值仅为10.87%。其中，民营企业高管持股比例均值为14.04%，持股市值均值为12.94亿元；而国有企业高管持股比例均值仅为1.81%，持股市值均值为1.44亿元。由此可知，民营企业高管的持股比例和持股财富明显高于国有企业高管。在这样的现实背景下，民营企业高管的财富与公司股价紧密联系在一起，民营企业高管也更加在乎公司的股价。于传荣等（2017）的研究结果也表明，民营企业高管会因为股价崩盘风险受到更为严厉的惩罚。为了防止外部大股东退出导致的股价下跌，民营企业高管有动机使自己的行为与外部大股东利益保持一致，较少地从事次优经济活动，减少机会主义行为。同时，外部大股东的退出行为可能会向市场传递"不称职"的信号，进而导致高管被罢免，Helwege等（2012）就发现了大股东退出增加高管被强制变更概率的证据。而且这个"污点"会对民营企业高管在经理人市场中的再就业产生一定的不利影响。为了保住职位待遇和职场声誉，管理层会避免外部大股东退出事件的发生。因此，当外部大股东退出威胁较为可信时，管理层会减少机会主义行为。

正如前文分析，国有企业高管持股比例和持股财富均较低，此时退出威胁对国有企业高管的治理效应可能就较弱。本章认为国有企业高管在乎公司股价的原因主要是为了响应国务院《关于进一步促进资本市场健康发展的若干意见》（以下简称"新国九条"）的号召。"新国九条"首次提出了"鼓励上市公司建立市值管理制度"，市值管理正式步入了制度建设期。国有企业往往走在改革的前列，市值管理已经逐渐成为国有企业日常管理的一项重要工作。国有上市公司只有做到以市值管理为导向，创造股东价值，才能真正产生中国资本市场的财富效应。在这样的宏观背景下，为了维护公司的市值和个人的职业发展前景，国有企业高管对股价将更为敏感①。

由此，本章提出如下假设：

研究假设7-1：外部大股东退出威胁与第一类代理成本负相关。外部大股东退出威胁越高，企业的第一类代理成本越低。

---

① 从我国现有制度文件来看，国资委在考核国有企业高管时主要关心的是年度利润总额、经济增加值和国有资产保值增值率。虽然市值管理并不是考核指标，但是从2006年至今，市场中建议将市值管理纳入到国企考核体系中的呼声从未停止过。随着"新国九条"的颁布和实施，在可预见的未来市值管理一定会纳入到国有企业高管的考核体系中。

在第二类委托代理问题中，代理问题的焦点是控股股东与其他股东之间的利益冲突。一方面，外部大股东有动机降低第二类代理成本：在股权较为集中的企业中，控股大股东会利用控制权来侵占上市公司或其他股东的利益。控股股东的这种掏空行为会直接损害外部大股东的利益，促使外部大股东采取措施来维护自身利益。另一方面，外部大股东有能力降低第二类代理问题。一般情况下，市场对外部大股东异常退出行为的解读往往是负面的，非知情投资者会采取做空公司股票的策略。在股权集中的情况下，虽然这种股价下跌难以造成控制权的转移（Jiang和Kim，2015），但是仍然会严重损害持股最多的控股股东的利益。例如，造成控股股东持股市值缩水，影响股权质押融资等[①]。受到外部大股东退出威胁时，控股股东在权衡成本和收益之后，会减少私利行为。由此，本章提出如下假设：

研究假设7-2：外部大股东退出威胁与第二类代理成本负相关。外部大股东退出威胁越高，企业的第二类代理成本越低。

7.3 实证设计

7.3.1 数据选择与样本来源

本章以1999—2015年作为数据选取时段，以中国非金融类上市公司作为初始样本，通过如下筛选：①剔除数据缺失的样本；②剔除ST和*ST的样本；③剔除相关数据异常的样本（如资产负债率大于1的样本）。最终获取2 623家公司，累计26 485个有效观测样本。本研究中的数据主要来自Wind中国金融数据库和CSMAR数据库。

7.3.2 变量设计与定义

（1）被解释变量

第一类代理成本AC1：借鉴Ang等（2000）和戴亦一等（2016）的

① 股票市场的价格波动会扩大股权质押的风险敞口。当股价触及平仓线时，控股股东面临着爆仓的危险，此时就必须要采用追加保证金、补充质押、增持等手段进行自救。

类似研究，采用经营费用率来衡量股东与管理层之间的代理成本，具体为（管理费用+销售费用）/营业收入。该值越大代表股东与管理层之间的代理问题越严重，即第一类代理成本越高。

第二类代理成本AC2：借鉴姜国华和岳衡（2005）以及罗进辉（2012）的类似研究，采用其他应收款/总资产来衡量控股股东关于其他股东之间的代理成本，该值越大表示控股股东与其他股东之间的代理问题越严重，即第二类代理成本越高。

（2）解释变量

外部大股东退出威胁NET：虽然退出威胁已经在理论上得到了证实，但是在实证研究中如何合理地计量退出威胁仍面临着巨大的挑战。现有文献主要采用三种方法来计量退出威胁：

方法一，姜付秀等（2015）以上市公司是否完成股权分置改革为标准，对完成股权分置改革企业的退出威胁赋值为1，否则为0。姜付秀等（2015）认为股权分置改革可以将大股东的非流通股变为流通股，一方面加强了大股东财富与股票价格的关联性，另一方面也为大股东的退出提供了可能。但是早在2006年年底大部分上市公司就已经完成了股权分置改革，意味着2006年以后的样本退出威胁均为1，这就忽视了完成股权分置改革企业之间的退出威胁差异。

方法二，Hope等（2017）采用双重差分模型来检验退出威胁的治理作用。如果这个企业在股权分置改革之前存在一个或更多持有非流通股超过3%的非管理层大股东①，此时TREAT为1，否则为0。企业宣布股权分置改革初始计划当年及以后年度时POST为1，否则为0。采用TREAT×POST来识别退出威胁的影响，这样处理可以有效弱化内生性问题。在股权分置改革之后，我国上市公司的流动性逐渐增强，企业外部大股东的变动也较多。如果采用Hope等（2017）的方法，那就忽视了外部大股东的变化对退出威胁的影响。

方法三，Dou等（2018）认为退出威胁主要受到股票的流动性和

① Hope等（2017）认为持股3%可以产生有影响力的退出威胁，如果选择5%作为划分标准，则减少退出威胁的样本企业数量。另外，选择股权分置改革之前的非流通股是为了确保外部冲击可以提高大股东的流动性和退出威胁。

大股东之间竞争程度的影响，他们以流动性和大股东竞争的交乘项作为退出威胁的代理变量。股票流动性越强、大股东竞争越激烈，企业的退出威胁越大。最终，本章拟借鉴Dou等（2018）的方法，采用股票流动性与大股东竞争程度的交乘项作为外部大股东退出威胁NET的代理变量。

股票流动性SL：借鉴Dou等（2018）的思想，采用流通股日均股票换手率作为流动性的代理变量。这主要是考虑到当公司股票的流动性较大时，外部大股东更容易实现退出，股票流动性会加强外部大股东的退出威胁作用（Maug，1998）。

外部大股东竞争程度BHC：由于本章主要考察的是外部大股东的退出威胁作用，所以在此对Dou等（2018）的方法进行改良。具体计量模型如下所示：

$$BHC_{it} = \sum_{k=1}^{N}\left(\frac{NCLS_{k,i,t}}{SSBH_{i,t}}\right)^2 \tag{7.1}$$

其中，BHC_{it}为第i个企业第t年外部大股东的竞争程度，$NCLS_{k,i,t}$为第i个企业第t年中第k个外部大股东的持股比例，$SSBH_{it}$第i个企业第t年中所有大股东的持股比例之和，此处的持股比例均指的是持有流通股的比例。所以，BHC_{it}越大表示外部大股东之间的竞争程度越高。

最终，构建外部大股东退出威胁NET的计量模型，具体如下：

$$NET_{it} = SL_{it} \times BHC_{it} \tag{7.2}$$

（3）控制变量

借鉴戴亦一等（2016）、Lliev等（2015）、Qian和Yeung（2015）的研究成果，本章控制了如下因素：企业规模（Size），总资产的自然对数；偿债能力（Lev），资产负债率；成长性（Growth），营业收入增长率；现金流（CF），经营活动现金流净值/总资产；盈利能力（ROE），净资产收益率；董事会规模（Dsize），董事会人数的自然对数；独董比率（Dir），独董在董事会中所占的比例；监事会规模（Ssize），监事会人数的自然对数；股权集中度（Top1），第一大股东持股比例。此外本章还控制了年度和行业固定效应，变量定义如表7-1所示。

表7-1 **变量定义与描述**

变量类型	变量名称	变量符号	变量定义
被解释变量	第一类代理成本	AC1	（管理费用+销售费用）/营业收入
	第二类代理成本	AC2	其他应收款/总资产
解释变量	外部大股东退出威胁	NET	股票流动性与外部大股东竞争程度的交乘项SL×BHC
	股票流动性	SL	流通股日均股票换手率
	外部大股东竞争程度	BHC	具体见模型（1）
控制变量	企业规模	Size	Ln（总资产）
	偿债能力	Lev	总负债/总资产
	成长性	Growth	（t期营业收入-（t-1）期营业收入）/（t-1）期营业收入
	现金流	CF	经营活动现金流净值/总资产
	盈利能力	ROE	税后利润/所有者权益
	董事会规模	Dsize	董事会人数的自然对数
	独董比率	Dir	独董人数/董事会人数
	监事会规模	Ssize	监事会人数的自然对数
	股权集中度	Top1	第一大股东持股比例
	年度虚拟变量	Year	控制年度效应，设置16个年度哑变量
	行业虚拟变量	Ind	控制行业效应，设置18个行业哑变量

7.3.3 模型设计

为了检验外部大股东退出威胁与代理成本的关系，本章构建如下模型：

$$\begin{aligned} AC_{it} = {} & \alpha_0 + \alpha_1 NET_{it} + \alpha_2 SL_{it} + \alpha_3 BHC_{it} + \alpha_4 Size_{it} + \alpha_5 Lev_{it} + \alpha_6 Growth_{it} \\ & + \alpha_7 CF_{it} + \alpha_8 REO_{it} + \alpha_9 Dsize_{it} + \alpha_{10} Dir_{it} + \alpha_{11} Ssize_{it} + \alpha_{12} Top1_{it} \\ & + \sum Year_{it} + \sum Ind_{it} + \varepsilon \end{aligned} \tag{7.3}$$

其中，AC_{it}为i公司在第t年的代理成本，分别包含第一类代理成本$AC1_{it}$和第二类代理成本$AC2_{it}$；NET_{it}为i公司在第t年的外部大股东退出威胁，如果媒体监督程度NET_{it}的回归系数α_1显著为负，则说明外部大股东退出威胁可以有效地降低企业的代理成本，本章的研究假设将得以证明。

同时，在数据分析时做了如下处理：为了剔除极端值的影响，本章对所有连续型变量进行了1%和99%的Winsorize处理；为了避免公司个体层面的聚类效应对回归系数标准误差的影响，本章还进行了公司层面的cluster处理。

7.4 实证结果与分析

7.4.1 描述性统计分析

表7-2中A栏的数据显示，上市公司的第一类代理成本的平均值为0.174，第二类代理成本的平均值为0.037，这与戴亦一等（2016）、罗进辉（2012）文献中的平均值较为接近。外部大股东退出威胁NET的平均值为0.002，经过仔细检查发现有11 155个观测样本的NET为0，占总样本的42.118%。这种截尾现象可能会对回归结果产生一定影响，本章在稳健性检验部分进行了处理。表7-2中B栏采用单变量分析考察了不同退出威胁样本组之间的代理成本差异。一方面，按照外部大股东退出威胁NET是否为0，本章将样本分成了有退出威胁样本组和无退出威胁样本组。T检验和Wilcoxon Z检验的统计结果均显示，有退出威胁样本组

代理成本的均值或中位数均小于无退出威胁样本组，这种差异均在1%的水平上显著。另一方面，按照退出威胁NET的平均值将样本分为高退出威胁样本组和低退出威胁样本组，T检验和Wilcoxon Z检验的统计结果同样支持前文结论。单变量分析的结果初步验证了本章的研究假设7-1和研究假设7-2。另外，本章还进行了Pearson相关性检验，限于篇幅，未在文中列示。

表7-2　　主要变量的描述性统计分析与单变量分析

A栏：主要变量的描述性统计分析

变量	N	Mean	SD	Min	p25	Median	p75	Max
AC1	26 485	0.174	0.185	0.011	0.075	0.152	0.199	1.299
AC2	26 485	0.037	0.064	0.000	0.005	0.023	0.037	0.398
NET	26 485	0.002	0.003	0.000	0.000	0.000	0.002	0.016
SL	26 485	0.028	0.026	0.003	0.011	0.020	0.035	0.155
BHC	26 485	0.059	0.070	0.000	0.000	0.027	0.111	0.239
Size	26 485	21.539	1.200	19.055	20.712	21.385	22.187	25.281
Lev	26 485	0.469	0.227	0.048	0.303	0.466	0.620	1.292
Growth	26 485	0.181	0.413	−0.689	−0.018	0.126	0.299	2.471
CF	26 485	0.088	0.254	−0.700	0.002	0.039	0.102	1.526
ROE	26 485	0.060	0.152	−0.831	0.025	0.072	0.122	0.384
Dsize	26 485	2.263	0.239	1.609	2.197	2.197	2.398	2.890
Dir	26 485	0.320	0.120	0.000	0.333	0.333	0.375	0.556
Ssize	26 485	1.320	0.297	0.693	1.099	1.099	1.609	2.197
Top1	26 485	0.592	0.131	0.322	0.492	0.587	0.694	0.870

B栏：单变量分析

变量	有NET样本组		无NET样本组		T test	Wilcoxon Z
	平均值	中位数	平均值	中位数		
AC1	0.158	0.115	0.186	0.133	−0.028***	−0.017***
AC2	0.036	0.012	0.037	0.013	−0.001***	−0.001***
变量	高NET样本组		低NET样本组		T test	Wilcoxon Z
	平均值	中位数	平均值	中位数		
AC1	0.164	0.119	0.197	0.139	−0.033***	−0.020***
AC2	0.034	0.011	0.038	0.013	−0.004***	−0.002***

注：* $p < 0.10$，** $p < 0.05$，*** $p < 0.01$。

7.4.2 回归分析

表7-3列示了外部大股东退出威胁与代理成本的回归结果。从OLS的回归结果可知，外部大股东退出威胁NET_{it}与第一类代理成本$AC1_{it}$的回归系数为-2.254，且在1%的水平上显著为负。这表明外部大股东退出威胁可以有效地降低企业第一类代理成本，有助于缓解股东与管理层之间的利益冲突，支持了本章的研究假设7-1。从回归结果的经济学意义来看，外部大股东退出威胁每上升一个标准差，企业的第一类代理成本将会降低0.68个百分点，这相当于第一类代理成本样本平均值的3.91%。外部大股东退出威胁NET_{it}与第二类代理成本$AC2_{it}$的回归系数为-0.455，且在1%的水平上显著为负，这说明外部大股东退出威胁对企业第二类代理成本产生了积极的约束作用，可以减轻控股股东与其他股东之间的矛盾，验证了本章的研究假设7-2。同时，从经济学意义上来看，外部大股东退出威胁每上升一个标准差，企业的第二类代理成本将会降低0.14个百分点，这相当于第一类代理成本样本平均值的3.78%。整体而言，外部大股东退出威胁的确可以降低企业的代理成本。Admati和Pfleiderer（2009）通过理论模型推导发现，当管理层做出“坏决策”时，大股东退出威胁可以降低企业的第一类代理成本，但是该结论并未通过实证分析予以证明。本章通过实证分析发现了退出威胁降低代理成本的经验证据，这为Admati和Pfleiderer（2009）的理论模型提供了可靠的支撑。同时，本章立足于中国资本市场的现状综合考察了双重委托代理问题，这也是对Hope等（2017）、姜付秀等（2015）研究成果的有益补充和延伸。

本章借鉴王化成等（2015）的方法，采用固定效应模型进行重新估计。从固定效应模型的回归结果可知，外部大股东退出威胁NET_{it}与两类代理成本AC_{it}在1%的水平上显著负相关，同样支持本章的研究假设7-1和研究假设7-2。

表7-3 外部大股东退出威胁与代理成本

变量	OLS		固定效应		Heckman两阶段		滞后效应	
	$AC1_{it}$	$AC2_{it}$	$AC1_{it}$	$AC2_{it}$	$AC1_{it}$	$AC2_{it}$	$AC1_{it}$	$AC2_{it}$
NET_{it}	-2.254^{***}	-0.455^{**}	-2.557^{***}	-0.666^{***}	-3.774^{***}	-0.797^{**}	-0.615^{*}	-0.053^{**}
	(−3.418)	(−2.258)	(−3.686)	(−3.084)	(−3.869)	(−2.492)	(−1.855)	(−2.464)
SL_{it}	-0.241^{***}	-0.150^{***}	-0.243^{***}	-0.032^{*}	−0.072	-0.100^{***}	-0.406^{***}	-0.182^{***}
	(−4.151)	(−8.795)	(−3.504)	(−1.721)	(−0.720)	(−3.056)	(−9.583)	(−12.920)
BHC_{it}	0.161^{***}	0.038^{***}	0.154^{***}	0.033^{***}	0.157^{***}	0.063^{***}	0.095^{***}	0.022^{***}
	(6.588)	(4.499)	(5.971)	(3.722)	(4.414)	(5.366)	(5.297)	(3.599)
Control	YES	YES	YES	YES	YES	YES	YES	YES
$Adj\text{-}R^2$/ Wald chi2	0.225	0.255	0.217	0.161	4 843.130	5 679.820	0.224	0.254
N	26 485	26 485	26 485	26 485	26 485	26 485	23 784	23 784

注：$^{*}p < 0.10$，$^{**}p < 0.05$，$^{***}p < 0.01$；括号内为t值；标准误差经过了公司层面的cluster处理；Heckman两阶段回归结果中未列示第一阶段Probit模型的估计结果，有兴趣的读者可来函索取；滞后效应回归中，解释变量为t-1期的退出威胁$NET_{i,\ t-1}$。

另外，本研究可能会存在样本选择偏误（Sample Selection Bias）。持有同一家上市公司股票的投资者数量越多，此时外部大股东退出威胁也就越大。而投资者在选择上市公司时偏好于公司治理水平较高的上市公司，此类上市公司的代理成本往往较低，因此外部大股东退出威胁较高的企业可能代理成本较低。为了避免样本自选择对研究结论的影响，本章采用Heckman两阶段模型进行重新检验。

第一阶段，构建外部大股东退出威胁决定因素模型，采用Probit回归估计，计算出逆米尔斯比率IMR（Inverse Mills Ratio）。具体模型如下：

$$\begin{aligned} DNET_{it} = {} & \beta_0 + \beta_1 Size_{it} + \beta_2 Lev_{it} + \beta_3 Growth_{it} + \beta_4 CF_{it} + \beta_5 ROE_{it} + \beta_6 Dsize_{it} \\ & + \beta_7 Dir_{it} + \beta_8 Ssize_{it} + \beta_9 Top1_{it} + \beta_{10} SOE_{it} + \beta_{11} Nncl_{it} + \beta_{12} Etdex_{it} \\ & + \beta_{13} EPS_{it} + \beta_{14} EV_{it} + \beta_{15} Finlev_{it} + \beta_{16} AEM_{it} + \beta_{17} REM_{it} \\ & + \sum Year_{it} + \sum Ind_{it} + \varepsilon \end{aligned} \tag{7.4}$$

其中，DNET为外部大股东退出威胁NET的虚拟变量，当NET_{it}大于中位数时为1，否则为0；SOE_{it}为企业性质，国有企业为1，非国有企业为0；$Nncl_{it}$为外部大股东的

数量；$Etdex_{it}$为上市公司所属交易所，上市公司隶属于沪市为1，隶属于深市为0；EPS_{it}为每股收益（净利润/股本总数）；EV_{it}为企业价值（股票市值+净债务）；$Finlev_{it}$为财务杠杆效率（净资产收益率/资产报酬率）；AEM_{it}为应计盈余管理程度，采用截面修正琼斯模型计量；REM_{it}为真实盈余管理程度，借鉴Roychowdhury的模型计量。

第二阶段，将逆米尔斯比率IMR作为控制变量加入到模型（7.3）中进行回归分析。

$$AC_{it} = \chi_0 + \chi_1 NET_{it} + \chi_2 Control_{it} + \chi_3 IMR_{it} + \sum Year_{it} + \sum Ind_{it} + \varepsilon \tag{7.5}$$

其中，Control为控制变量，具体包含SL_{it}、BHC_{it}、$Size_{it}$、Lev_{it}、$Growth_{it}$、CF_{it}、ROE_{it}、$Dsize_{it}$、Dir_{it}、$Ssize_{it}$、$Top1_{it}$，下同。

从表7-3中的Heckman两阶段模型的回归结果可知，外部大股东退出威胁与两类代理成本分别在1%和5%的水平上显著为负，与前文的检验结论一致。同时，逆米尔斯比率IMR的回归结果并不显著，这说明本章研究中不存在样本选择偏误，这也进一步验证了本章结论的可靠性。

最后，考虑到外部大股东退出威胁对代理成本的影响可能存在滞后效应，本章还以t-1期的退出威胁$NET_{i,t-1}$为解释变量进行了回归。从表中的回归结果可知，退出威胁$NET_{i,t-1}$与两类代理成本AC_{it}分别在10%和5%的水平上显著负相关，同样支持前文论断。

7.4.3 稳健性检验

(1) 内生性问题

本章研究中可能会存在一定的内生性问题：第一，遗落变量的问题。前文虽然已经控制了公司层面、宏观环境等影响公司治理的因素，但是仍然难免存在某些欠考虑的影响因子。第二，因变量与自变量互为因果的问题。较高的退出威胁可以降低代理成本，同时代理成本低的企业更容易获得市场的认可，会有更多的机构投资者持股，其股票的流动性也较强。为了弱化内生性问题，本章采取了三种方法进行检验：

第一种方法，Change Model——检验自变量变动值和因变量变动值之间的关系，以此来解决遗落变量的问题。构建模型如下：

$$\Delta AC_{it} = \delta_0 + \delta_1\Delta NET_{it} + \delta_2\Delta Control_{it} + \sum Year_{it} + \sum Ind_{it} + \varepsilon \tag{7.6}$$

其中，ΔAC_{it}为i公司在第t年代理成本的变动值，等于$AC_{it}-AC_{i,t-1}$。ΔNET_{it}为i公司在第t年外部大股东退出威胁的变动值，等于$NET_{it}-NET_{i,t-1}$。

第二种方法，倾向得分匹配法PSM——甄别出外部大股东退出威胁发生质变的样本，采用PSM寻找特征相似的对照组，在此基础上检验公司代理成本的变化情况。发生质变的样本有两种：一种是从无退出威胁到有退出威胁的样本，合计636个年度观测样本；另一种是从有退出威胁到无退出威胁的样本，合计853个年度观测样本。本章采用PSM分别寻找这两种发生质变样本组的对照组，匹配向量定义为$Size_{it}$、Lev_{it}、$Growth_{it}$、CF_{it}、ROE_{it}、$Dsize_{it}$、Dir_{it}、$Ssize_{it}$、$Top1_{it}$、SOE_{it}、$Etdex_{it}$、EPS_{it}、EV_{it}、$Finlev_{it}$、$Nncl_{it}$[①]。进而计算出对应倾向得

① 具体变量定义请参阅前文公式（7.4）。

分，采用无放回的一对一匹配来寻找对应的对照组。本章构建如下的检验模型：

$$\Delta AC_{it} = \phi_0 + \phi_1 Dum\_wy_{it} + \phi_2 \Delta Control_{it} + \sum Year_{it} + \sum Ind_{it} + \varepsilon \tag{7.7}$$

$$\Delta AC_{it} = \gamma_0 + \gamma_1 Dum\_yw_{it} + \gamma_2 \Delta Control_{it} + \sum Year_{it} + \sum Ind_{it} + \varepsilon \tag{7.8}$$

其中，ΔAC_{it}为i公司在第t年代理成本的变动值；Dum_wy_{it}为哑变量，当样本从无退出威胁到有退出威胁时为1，否则为0；Dum_yw_{it}为哑变量，当样本从有退出威胁到无退出威胁时为1，否则为0。

第三种方法，双重差分法DID——参考姜付秀等（2016）的思路，本章采用DID来排除内生性对研究结论的干扰，具体模型如下：

$$AC_{it} = \varphi_0 + \varphi_1 Treat_{it} + \varphi_2 Treat_{it} \times Change_{it} + \varphi_3 Change_{it} + \varphi_4 Control_{it} + \sum Year_{it} + \sum Ind_{it} + \varepsilon \tag{7.9}$$

其中，$Treat_{it}$为组间虚拟变量，i公司在第t年从不具备外部大股东退出威胁（NET为0）变为具备退出威胁（即处理组），此时$Treat_{it}$取值为1；当企业为控制组时，$Treat_{it}$取值为0，即变更前后企业均无退出威胁。$Change_{it}$为时间虚拟变量，当企业处于外部大股东退出威胁发生质变之后的年度，$Change_{it}$取值为1，否则为0。

表7-4列示了三种处理内生性问题后的回归结果。首先，从Change Model的回归结果可知，外部大股东退出威胁变动值ΔNET_{it}的回归系数分别为-2.172和-0.391，均在1%的水平上显著，这表明随着外部大股东退出威胁的逐渐加大，企业的代理成本逐渐减小。其次，采用PSM的回归结果表明，Dum_wy_{it}的回归系数显著为负，这说明企业在经历从无外部大股东退出威胁到有外部大股东退出威胁的变化之后，代理成本显著降低；Dum_yw_{it}的回归系数显著为正，这意味着企业外部大股东退出威胁的丧失会导致代理成本的显著增加。最后，采用DID的回归结果表明，$Treat_{it} \times Change_{it}$的回归系数分别为-0.392和-0.034，均在1%的水平上显著，这说明相对于控制组而言，处理组外部大股东退出威胁的变更对代理成本的净影响为负，即外部大股东退出威胁显著降低了企业的代理成本。整体而言，在弱化内生性问题之后研究结论未发生实质性改变。

表7-4

处理内生性问题的回归结果

变量	Change Model		PSM				变量	DID	
	$\Delta AC1_{it}$	$\Delta AC2_{it}$	$\Delta AC1_{it}$	$\Delta AC2_{it}$	$\Delta AC1_{it}$	$\Delta AC2_{it}$		$AC1_{it}$	$AC2_{it}$
ΔNET_{it}	-2.172^{***}	-0.391^{***}					$Treat_{it}$	-0.004	-0.003
	(−4.988)	(−3.057)						(−0.616)	(−0.864)
Dum_wy_{it}			-0.011^{**}	-0.002^{*}			$Treat_{it}\times Change_{it}$	-0.392^{***}	-0.034^{***}
			(−2.137)	(−1.806)				(−7.037)	(−3.340)
Dum_yw_{it}					0.013^{**}	0.002^{*}	$Change_{it}$	0.378^{***}	0.029^{***}
					(2.161)	(1.873)		(6.857)	(2.781)
ΔSL_{it}	-0.070	-0.049^{***}	-0.305	-0.222^{***}	0.119	-0.006	SL_{it}	-0.427^{***}	-0.312^{***}
	(−1.384)	(−2.978)	(−1.104)	(−2.733)	(0.596)	(−0.090)		(−4.289)	(−11.256)
ΔBHC_{it}	0.034^{**}	0.003	0.135^{*}	0.016	0.058^{**}	0.007	BHC_{it}	0.141^{***}	0.038^{***}
	(2.224)	(0.669)	(1.733)	(0.647)	(2.364)	(1.512)		(5.455)	(4.523)
Constant	0.015	-0.025^{***}	0.309^{***}	-0.044	-0.020	-0.063	Constant	1.221^{***}	0.355^{***}
	(0.497)	(−3.151)	(2.630)	(−1.313)	(−0.207)	(−1.431)		(13.158)	(18.560)
Control	YES	YES	YES	YES	YES	YES	Control	YES	YES
$Adj\text{-}R^2$	0.132	0.012	0.197	0.058	0.236	0.033	$Adj\text{-}R^2$	0.280	0.295
N	23 784	23 784	1 272	1 272	1 706	1 706	N	11 505	11 505

注：* $p < 0.10$，** $p < 0.05$，*** $p < 0.01$；括号内为t值；标准误差经过了公司层面的cluster处理；限于篇幅，本表仅列示了主要变量的回归结果。

（2）变换因变量

本章借鉴Ang等（2000）、戴亦一等（2016）、姜国华和岳衡（2005）、罗进辉（2012）等文献计量了企业的两类代理成本，这些文献研究的样本年度均较早，这就使得上述计量方法能否有效衡量现阶段企业代理成本存在一定的疑义。基于此，本章采用了四种方法进行稳健性检验，回归结果与前文一致。

方法一：借鉴谢德仁和黄亮华（2013）的类似研究，本章采用支付的其他与经营活动有关的现金/营业收入来衡量总的代理成本AC_O[①]。

方法二：借鉴古志辉（2015）、王明琳等（2014）的做法，采用总资产周转率和资产利用率作为第一类代理成本的衡量指标。广义上的代理成本应该是由委托人监督成本、代理人担保成本和剩余损失三个方面的成本构成的（1976），现有文献常用的经营费用率侧重反映的是监督成本和担保成本，但并未能考虑代理问题中存在剩余损失。正如古志辉（2015）、王明琳等（2014）的文献所言，总资产周转率和资产利用率反映了经理人对企业资产低效率使用而导致的代理成本，可以衡量代理人努力程度和代理能力而导致的效率损失。其中，总资产周转率AC1_T为营业收入与期末资产总额的比值，资产利用率AC1_U为主营业务收入与期末总资产的比值[②]。

方法三：由于管理费用涵盖的内容过多，这就可能导致采用管理费用率来衡量第一类代理成本存在一定的噪音。而在职消费可以更好地体现出管理层的私利行为，因此本章借鉴陈冬华等（2010）的做法，采用在职消费/总资产AC1_C衡量第一类代理成本[③]。

方法四：其他应收款是衡量大股东掏空行为的常用变量，但是自2003年以后，证监会等部门加强了对控股股东占用上市公司资金行为的监管，大股东的资金占用行为得到了有效的遏制[④]。此时，采用其他

① 在企业实务中，现金流量表中的“支付其他与经营活动有关的现金”一定程度上可以反映企业高管的在职消费和控股股东的掏空行为，该科目包括差旅费、业务招待费、结算手续费、其他应收款等。

② 这主要是因为营业收入中还包含了出租固定资产、无形资产等方面的“被动性收入”，这部分未能完全反映经理人的努力程度和代理能力，因此有必要将该部分收入扣除。

③ 参考陈冬华等（2010）的研究，本书的在职消费主要包含董事会费、办公费、差旅费、业务招待费、通信费、出国培训费、小车费和会议费等八项内容。这些项目更容易被管理层所掌控，是管理层转嫁私人支出的良好通道。

④ 具体文件如：2003年《关于规范上市公司与关联方资金往来及上市公司对外担保若干问题的通知》（证监发〔2003〕56号）；2005年《国务院批转证监会关于提高上市公司质量意见的通知》（国发〔2005〕34号）；2006年《关于进一步做好清理大股东占用上市公司资金工作的通知》（证监发〔2006〕128号）。

应收款/总资产来衡量第二类代理成本可能会存在争议（Jiang等，2015）。借鉴姜付秀等（2015）的做法，本章采用关联交易总额占总资产的比例（行业调整后）AC2_R作为第二类代理成本的代理变量。

（3）变换自变量

一方面，参考姜付秀等（2015）的类似研究，本章采用企业是否完成股权分置改革作为外部大股东退出威胁的代理变量，当企业完成股权分置改革且具有外部大股东时NET为1，否则为0；另一方面，替换大股东竞争程度计量方法。正如Edmans和Holderness（2017）的发现，退出有效性很大程度上取决于大股东的数量，大股东数量越多企业退出行为的威胁性越大。因此，本章采用外部大股东的数量作为大股东竞争程度的代理变量，重新计算样本的退出威胁程度。经过上述处理后，回归结果仍与前文一致。

（4）区分外部大股东的异质性特征

不同类型的外部大股东发挥的退出威胁作用存在差异，因此退出威胁的治理作用应该需要区分行为主体的异质性特征。阶段性持股大股东（如公募基金、对冲基金、阳光私募、券商资管计划、PE创投机构等）的退出行为往往是计划之内的事情，此时退出威胁并不会发挥治理作用。基于此，本章认为需要对外部大股东进行细分，将不能发挥退出威胁治理作用的样本剔除，进行重新回归来检验研究结论的可靠性。经过统计发现，在样本时间窗口内，阶段性持股类型的大股东仅有1 343个，仅占总样本中外部大股东数量的2.23%。一方面是因为持股超过5%就必须得举牌，市场中有很多投资者都在规避5%的举牌线[①]；另一方面，持股低于5%也是为将来退出做好了铺垫。2017年证监会发布的《上市公司股东、董监高减持股份的若干规定》，重点监控持股5%以上大股东的减持行为。因此，为了规避减持“紧箍咒”的限制，市场中存在普遍的“4.9%投资策略”。本章将这些存在阶段性持股大股东的样本删除后，重新计算退出威胁程度，并在此基础上进行了回归。从表7-5的回归结果可知，本章的论断并未发生改变。

① 不可否认的是，资本市场中存在部分投资者采用“蒙面举牌”的手段，利用多个账户分散持股，借此将自己隐藏在举牌线之下。由于这种分散持股行为很难被外部人所察觉，所以限于数据获取较为困难，本书在此未具体考察这种现象。

表7-5 **变换变量之后的回归结果**

变量	变换因变量					变换自变量			
	AC_O_{it}	$AC1\_T_t$	$AC1\_U_{it}$	$AC1\_C_{it}$	$AC2\_R_{it}$	$AC1_{it}$	$AC2_{it}$	$AC1_{it}$	$AC2_{it}$
NET_{it}	-3.560^{***}	-1.584^{*}	-3.127^{**}	-0.135^{**}	-2.727^{**}	-0.004^{**}	-0.014^{***}	-0.005^{**}	-0.005^{**}
	(−3.680)	(−1.889)	(−2.569)	(−1.977)	(−2.498)	(−2.038)	(−15.375)	(−2.177)	(−2.572)
SL_{it}	-0.157^{*}	−0.006	−0.008	−0.020	0.187	-0.386^{***}	-0.180^{***}	-0.375^{***}	-0.173^{***}
	(−1.888)	(−0.090)	(−0.107)	(−1.608)	(0.352)	(−9.861)	(−14.744)	(−7.292)	(−10.875)
BHC_{it}	0.178^{***}	0.663^{***}	0.149	0.014^{***}	0.413^{**}	0.108^{***}	0.049^{***}	0.000	0.000
	(4.748)	(4.120)	(0.797)	(2.734)	(2.245)	(6.006)	(7.854)	(0.125)	(0.342)
Constant	1.282^{***}	-0.643^{***}	-0.410^{***}	0.186^{***}	-3.265^{***}	1.168^{***}	0.345^{***}	1.093^{***}	0.316^{***}
	(26.023)	(−7.798)	(−4.547)	(13.408)	(−13.512)	(32.551)	(32.212)	(16.127)	(17.374)
控制变量	YES	YES	YES	YES	YES	YES	YES	YES	YES
$Adj\text{-}R^2$	0.136	0.264	0.167	0.164	0.254	0.225	0.260	0.224	0.254
N	26 485	26 485	26 485	11 224	26 485	26 485	26 485	26 485	26 485

注：$^{*}p<0.10$，$^{**}p<0.05$，$^{***}p<0.01$；括号内为t值；标准误差经过了公司层面的cluster处理。限于篇幅，本表仅列示了主要变量的回归结果。

(5) 删除截尾样本

前文在描述性统计分析中发现，研究样本中存在一定的截尾问题，共有11 155个年度观测样本的外部大股东退出威胁NET为0。为了降低这部分数据的噪音，本章删除了外部大股东退出威胁为0的观测样本进行了重新检验。从表7-6中的回归结果可知，重新检验的结果与前文的发现完全相同，进一步说明了研究结论的可靠性。另外，为了消除会计准则变更对研究结论的影响，本章还将样本按照时间分为1999年至2006年和2007年至2015年两个样本组，经过回归发现本章的结论未发生改变，限于篇幅，未在此详细汇报。

表7-6 **其他稳健性检验的回归结果**

变量	区分外部大股东的异质性特征		删除截尾样本	
	$AC1_{it}$	$AC2_{it}$	$AC1_{it}$	$AC1_{it}$
NET_{it}	-2.241^{***}	-0.454^{**}	-3.773^{***}	-3.773^{***}
	(-3.400)	(-2.254)	(-4.484)	(-4.484)
SL_{it}	-0.242^{***}	-0.150^{***}	-0.072	-0.072
	(-4.169)	(-8.797)	(-0.911)	(-0.911)
BHC_{it}	0.165^{***}	0.039^{***}	0.158^{***}	0.158^{***}
	(6.749)	(4.601)	(4.796)	(4.796)
Constant	1.153^{***}	0.354^{***}	1.103^{***}	1.103^{***}
	(31.983)	(32.089)	(14.353)	(14.353)
控制变量	YES	YES	YES	YES
Adj-R^2	0.225	0.255	0.240	0.240
N	26 485	26 485	15 330	15 330

注：$^{*}p<0.10$，$^{**}p<0.05$，$^{***}p<0.01$；括号内为t值；标准误差经过了公司层面的cluster处理。限于篇幅，本表仅列示了主要变量的回归结果。

7.5 管理层和控股股东真的在乎股价吗

基于前文的分析逻辑，出于惧怕股价下跌造成的损失，管理层和控股股东会约束自身的私利行为。据此推理可知，当管理层或控股股东对股价较为敏感时，外部大股东退出威胁会发挥更大的治理作用。为了检验管理层和控股股东是否在乎股价，本章分别从持股市值和股权质押等角度[①]，深入挖掘了退出威胁影响企业代理成本的内在机理。

7.5.1 持股市值

在持股市值较大时，管理层和控股股东更为关心股票的价格，此时大股东退出造成管理层财富和控股股东财富的损失更大。因此，退出威胁的治理效应在管理层持股市值或控股股东持股市值大的企业更为明显。为了验证上述推断，本章构建如下模型：

$$AC_{it} = \kappa_0 + \kappa_1 NET_{it} + \kappa_2 NET_{it} \times Wealth_{it} + \kappa_3 Wealth_{it} + \kappa_4 Control_{it} + \sum Year_{it} + \sum Ind_{it} + \varepsilon \tag{7.10}$$

其中，$Wealth_{it}$分别为i公司在第t年的管理层持股市值Wealth_M和控股股东持股市值Wealth_CS（单位亿元）[②]。当$NET_{it} \times Wealth_{it}$的回归系数显著为负时，表明管理层和控股股东持股市值越高，退出威胁的治理作用越强。

从表7-7的回归结果可知，退出威胁与管理层持股市值交乘项的回归系数为-0.039，在10%的水平上显著为负，这就说明退出威胁的治理作用在管理层持股市值较高的企业中更加显著。退出威胁与控股股东持股市值交乘项的回归系数为-0.009，在1%的水平上显著为负，这表明

① 另外，本书还尝试从市值管理视角出发，考察在市值管理背景下退出威胁对代理成本的影响机理。早在2014年5月9日，国务院发布《关于进一步促进资本市场健康发展的若干意见》（“新国九条”），首次提出“鼓励上市公司建立市值管理制度”。在市值管理被写入资本市场顶层设计的文件之后，上市公司的管理层和控股股东对股价更为关心，市值管理已经逐渐成为董事会和管理层的核心管理工作。但作者在收集数据的时候发现，仅有极少数上市公司（中文传媒，股票代码600373）公开披露市值管理制度或将市值管理纳入高管考核体系，多数上市公司仅以只言片语的形式在年报中谈及市值管理。因此，由于受到数据限制，本书在此未能考察市值管理的作用。

② 与姜付秀等（2015）不一样的是，本书采用的是持股市值而非持股比例作为管理层、控股股东财富的代理变量。主要是考虑到不同公司之间股价存在较大的差异，同样都是持股10%，但是由于股价差异会导致持股市值相差甚远。因此，本书认为持股市值可以更好地反映管理层、控股股东所拥有的财富。

控股股东持股市值越高，控股股东越在意股价的走势，此时退出威胁的治理作用更大。姜付秀等（2015）发现在控股股东财富集中度高的时候，大股东退出威胁治理控股股东私利的作用更大。本章的研究发现延伸了姜付秀等（2015）的论断，从控股股东拓展到管理层与控股股东，从第二类代理问题延展至双重代理问题，这对学术界深入理解退出威胁治理机制发挥中的内生环境有着重要意义。

表7-7 **影响机理的回归结果**

变量	管理层持股市值	控股股东持股市值	控股股东股权质押	
	$AC1_{it}$	$AC2_{it}$	$AC2_{it}$	$AC2_{it}$
NET_{it}	-2.137^{***}	-0.455^{**}	-0.444^{**}	-0.248^{**}
	(−3.201)	(−2.239)	(−2.196)	(−2.581)
$NET_{it}\times Wealth_{it}$	-0.039^{*}	-0.009^{***}		
	(−1.830)	(−2.700)		
$Wealth_{it}$	0.000	−0.000		
	(0.828)	(−0.774)		
$NET_{it}\times SP_{it}$			-0.024^{**}	-0.010^{*}
			(−2.224)	(−1.747)
SP_{it}			−0.000	-0.000^{**}
			(−0.520)	(−1.978)
SL_{it}	-0.241^{***}	-0.147^{***}	-0.150^{***}	-0.167^{***}
	(−4.153)	(−8.587)	(−8.799)	(−4.777)
BHC_{it}	0.162^{***}	0.040^{***}	0.038^{***}	0.026
	(6.603)	(4.667)	(4.492)	(1.454)
Constant	1.084^{***}	0.319^{***}	0.318^{***}	0.393^{***}
	(16.324)	(17.991)	(17.893)	(9.473)

续表

变量	管理层持股市值	控股股东持股市值	控股股东股权质押	
	$AC1_{it}$	$AC2_{it}$	$AC2_{it}$	$AC2_{it}$
其他控制变量	YES	YES	YES	YES
Adj-R^2	0.225	0.255	0.255	0.245
N	26 482	26 482	26 485	6 271

注：* $p < 0.10$，** $p < 0.05$，*** $p < 0.01$；括号内为t值；表中第二列和第三列的Wealth分别为Wealth_M和Wealth_CS，第四列和第五列中的SP分别为SP_Dum和SP_MV；标准误差经过了公司层面的cluster处理。限于篇幅，本表仅列示了主要变量的回归结果。

7.5.2 股权质押

在中国股权质押已经成为被广泛接受的融资策略，由于股权质押融资更加便利、快捷，因而深受上市公司控股股东的偏爱。Wind数据显示，在2016年A股股权质押股数同比增长了54.26%，其中未解除质押的股票参考市值高达2.93万亿元。自从2015年我国股市暴跌以来，股权质押的平仓风险不断提高，众多上市公司控股股东质押的股票触及警戒线，自2017年5月以来，先后有上百家上市公司公布了152份补充质押公告来避免平仓风险。有股权质押的上市公司控股股东往往对股票价格更为敏感，担心由于股价下跌导致产生平仓风险。所以，控股股东有股权质押、质押股票的市值越高时，退出威胁的治理作用越显著。本章构建模型如下：

$$AC_{it} = \mu_0 + \mu_1 NET_{it} + \mu_2 NET_{it} \times SP_{it} + \mu_3 SP_{it} + \mu_4 Control_{it} + \sum Year_{it} + \sum Ind_{it} + \varepsilon \quad (7.11)$$

其中，SP_{it}分别为i公司在第t年的控股股东股权质押哑变量SP_Dum（存在股权质押为1，否则为0）和控股股东股权质押股票的市值SP_MV（单位：亿元）。当$NET_{it} \times SP_{it}$的回归系数显著为负时，表明在控股股东有股权质押或质押股票的市值越高时，退出威胁的治理作用越强。

表7-7中的回归结果显示，$NET_{it} \times SP_{it}$的回归系数分别为-0.024

和-0.01，在5%和10%的水平上显著为负，这表明控股股东有股权质押或股权质押市值越大，退出威胁对代理成本的治理作用越大。整体而言，本章的研究结论表明，在管理层和控股股东更为在乎股价的时候，外部大股东退出威胁对企业代理问题的约束作用更大，验证了本章的预期。

7.6 基于不同情境的拓展性分析

7.6.1 股权分置改革

流动性是退出威胁发挥作用的前提，如果外部大股东持有的股份无法正常流通，那么退出威胁根本就无法对控股股东或管理层的行为产生影响。我国的股权分置改革给学者们提供了良好的自然场景，股权分置改革消除了非流通股和流通股的流通制度差异，很大程度上提高了股票的流动性。作为外生冲击的股权分置改革提高了外部大股东退出威胁的置信度，进而增强了公司治理效应。在此，本章拟借助股权分置改革事件，考察在面临外部流动性冲击情况下退出威胁的公司治理效应，构建如下检验模型：

$$AC_{it} = \eta_0 + \eta_1 NET_{it} + \eta_2 NET_{it} \times SSSR_{it} + \eta_3 SSSR_{it} + \eta_4 Control_{it} + \sum Year_{it} + \sum Ind_{it} + \varepsilon \tag{7.12}$$

其中，$SSSR_{it}$为第i个企业第t年的股权分置改革哑变量，当上市公司完成股权分置改革时为1，否则为0。从表7-8中的回归结果可知，$NET_{it} \times SSSR_{it}$的回归系数分别在5%和1%的水平上显著为负。在经济学意义上，相比股权分置改革之前的样本而言，股权分置改革之后外部大股东退出威胁对企业代理成本的抑制作用更大。已经有文献发现了股权分置改革对公司治理的积极作用，学者们发现股权分置改革可以通过降低代理冲突（陈信元和黄俊，2016），提高企业自愿性信息披露（张学勇和廖理，2010）和提升大股东治理的正向作用（汪昌云等，2010）等路径实现公司治理作用。本章发现股权分置改革有助于提高退出威胁的公司治理效应，揭示了股权分置改革改善公司治理的新路径，有益补充了股权分置改革经济后果的理论文献。

表7-8 **拓展性分析的回归结果**

变量	股权分置改革		股价崩盘风险				股市行情	
	$AC1_{it}$	$AC2_{it}$	$AC1_{it}$	$AC2_{it}$	$AC1_{it}$	$AC2_{it}$	$AC1_{it}$	$AC2_{it}$
NET_{it}	-1.996**	-0.294***	-2.509***	-0.569**	-2.427***	-0.543**	-1.788**	-0.418**
	(-2.369)	(-2.764)	(-3.052)	(-2.243)	(-3.123)	(-2.347)	(-2.507)	(-2.029)
$NET_{it} \times SSSR_{it}$	-0.232**	-0.354***						
	(-2.321)	(-3.557)						
$SSSR_{it}$	0.008	0.001						
	(0.950)	(0.511)						
$NET_{it} \times CR_{it}$			-0.277**	-0.175**	-0.322**	-0.222*		
			(-2.512)	(-1.974)	(-2.425)	(-1.949)		
CR_{it}			-0.008	-0.003	-0.000	-0.001		
			(-1.426)	(-1.594)	(-0.025)	(-0.595)		
$NET_{it} \times SMQ_{it}$							-1.345**	-0.106
							(-2.117)	(-0.515)

续表

变量	股权分置改革		股价崩盘风险				股市行情	
	$AC1_{it}$	$AC2_{it}$	$AC1_{it}$	$AC2_{it}$	$AC1_{it}$	$AC2_{it}$	$AC1_{it}$	$AC2_{it}$
SMQ_{it}							-0.015^{**}	-0.005^{*}
							(−2.127)	(−1.780)
SL_{it}	-0.248^{***}	-0.147^{***}	-0.237^{***}	-0.153^{***}	-0.239^{***}	-0.154^{***}	-0.240^{***}	-0.150^{***}
	(−3.643)	(−7.227)	(−4.079)	(−8.947)	(−4.107)	(−8.919)	(−4.142)	(−8.791)
BHC_{it}	0.186^{***}	0.038^{***}	0.162^{***}	0.036^{***}	0.160^{***}	0.037^{***}	0.161^{***}	0.038^{***}
	(6.641)	(3.874)	(6.624)	(4.285)	(6.551)	(4.291)	(6.601)	(4.500)
Constant	1.058^{***}	0.337^{***}	1.138^{***}	0.340^{***}	1.074^{***}	0.340^{***}	1.084^{***}	0.318^{***}
	(27.554)	(28.144)	(30.528)	(30.435)	(23.243)	(30.003)	(16.304)	(17.897)
Control	YES	YES	YES	YES	YES	YES	YES	YES
Adj-R^2	0.225	0.265	0.226	0.255	0.225	0.255	0.225	0.255
N	19 630	19 630	26 353	26 353	26 189	26 189	26 485	26 485

注：$^{*}p<0.10$，$^{**}p<0.05$，$^{***}p<0.01$；括号内为t值；标准误差经过了公司层面的cluster处理；在股价崩盘风险的回归结果中，前两列中CR_{it}为股票负收益率偏态系数$NCSKEW_{it}$，后两列CR_{it}为股票收益率上下波动比例$DUVOL_{it}$。限于篇幅，本表仅列示了主要变量的回归结果。

7.6.2 股价崩盘风险

外部大股东退出威胁在发挥公司治理作用时，股票价格是一个至关重要的因素。控股股东和管理层出于对公司价值或个人财富的考虑，会尽量避免外部大股东的退出行为导致的股价暴跌。而在面临着不同股价崩盘风险时，退出威胁的治理作用也会有所差异。相对于股价崩盘风险较低的企业而言，外部大股东退出威胁对股价崩盘风险较高企业的代理成本的抑制作用更大。因为在面临较高的股价崩盘风险时，企业更加注重股价的维护，会尽量减少向资本市场传递负面信息。此时，如果外部大股东退出上市公司将释放巨大的利空消息，导致投资者争相抛售股票，加快上市公司股价的崩盘。所以，面临较高的股价崩盘风险时，退出威胁更容易迫使控股股东和管理层就范，进而发挥更大的公司治理作用。在资本市场中这样的案例并不少见。例如，2015年6月30日在面临股价崩盘危机时，华北制药大股东乘机海量减持1 800万股，导致公司股价暴跌45.377%。基于此，本章拟基于股价崩盘风险情境，检验退出威胁公司治理作用的差异。

本章借鉴Kim等（2014）、Chen等（2017）的方法度量股价崩盘风险CR，分别采用股票负收益率偏态系数NCSKEW和股票收益率上下波动比例DUVOL作为股价崩盘风险的测度指标[①]，具体模型如下：

$$\begin{aligned} AC_{it} = \lambda_0 + \lambda_1 NET_{it} + \lambda_2 NET_{it} \times CR_{it} + \lambda_3 CR_{it} + \lambda_4 Control_{it} \\ + \sum Year_{it} + \sum Ind_{it} + \varepsilon \end{aligned} \quad (7.13)$$

其中，CR_{it}为第i个企业第t年的股价崩盘风险，具体包括股票负收益率偏态系数$NCSKEW_{it}$和股票收益率上下波动比例$DUVOL_{it}$。从表7-8中的回归结果可知，$NET_{it} \times CR_{it}$的回归系数显著为负，显著性水平分别为5%和10%。这说明在股价崩盘风险较高的样本中，外部大股东退出威胁对代理成本的抑制作用更大，即退出威胁的公司治理效应更显著。该结论表明退出威胁的公司治理作用与企业股价崩盘风险有着紧密的联系，在控股股东或管理层对股价较为敏感的情况下，退出威胁公司治理作用的边际效应更大。现有研究主要探讨公司治理机制对股价崩盘风险的影响

① 股票负收益率偏态系数NCSKEW和股票收益率上下波动比例DUVOL的计算公式请查阅Kim等（2014）和Chen等（2017）的文献，本书在此不做赘述。

（王化成等，2015；孔东民和王江元，2016；Chen等，2017），而鲜有文献能考察股价崩盘风险对公司治理机制的影响。本章发现退出威胁在不同股价崩盘风险企业中的公司治理效应有所差异，在股价崩盘风险较高的企业中退出威胁的公司治理效应更大，丰富了公司治理与股价崩盘关系的相关研究。

7.6.3 股市行情

我国股票市场存在着显著的非对称信息效应，陆蓉和徐龙炳（2004）发现在牛市阶段表现为收益正冲击效应，而在熊市阶段则表现为收益负冲击效应。大股东的退出行为往往会被市场解读为“利空”消息，特别是在熊市中这种“利空”消息会导致股价的大幅下跌。因为熊市中投资者情绪悲观，在面临“利空”消息时往往会对股价产生进一步下跌的预期，进而导致投资者恐慌杀跌。所以在熊市中，外部大股东退出对股价的损害程度较高，此时退出威胁的威慑力也较强，进而可以产生更大的公司治理效应。借鉴Pagan和Sossounov（2003）、许年行等（2012）的类似研究，采用波峰波谷判定法来确定股市所处的不同阶段。牛市的主要年度有：1999—2001年、2005—2007年、2009年、2013—2015年；而熊市主要的年度有：2002—2004年、2008年、2010—2012年。基于此，本章设定股市行情虚拟变量SMQ，当样本期间处于熊市年度时为1，否则为0，具体模型如下：

$$AC_{it} = \zeta_0 + \zeta_1 NET_{it} + \zeta_2 NET_{it} \times SMQ_{it} + \zeta_3 SMQ_{it} + \zeta_4 Control_{it} + \sum Year_{it} + \sum Ind_{it} + \varepsilon \tag{7-14}$$

从表7-8中可以发现，$NET_{it} \times SMQ_{it}$与第一类代理成本$AC1_{it}$的回归系数为-1.345，在5%的水平上显著。$NET_{it} \times SMQ_{it}$与第二类代理成本$AC2_{it}$的回归系数为-0.106，但t值仅为-0.515，并不具备统计学显著性。整体而言，相比处于牛市而言，在熊市中外部大股东退出威胁对企业代理成本的抑制作用更大。陆蓉和徐龙炳（2004）发现了我国股市存在非对称信息效应，并分别从投资者预期、投资者构成、投资者心理和交易机制角度解释了信息不平衡的原因。如果将这个宏观现象拓展到企业微观行为，探索股市信息不平衡反应对企业决策或公司治理的影响，这将有利于拓展宏观经济现象与微观企业行为互动关系的研究领域。但较为遗憾的是，目前鲜有文献将股市非对称信息效应与微观企业行为相结合。本章结论是对陆蓉和徐龙炳（2004）论断的有益补充，将资本市场中的经济现象与公司治理联系到一起，找到了股市信息不平衡反应影响企业代理成本的经验证据，具有一定的理论价值和实践意义。

7.7 本章小结

在实务界中投资者早已广泛使用“退出威胁”来实现公司治理，但是理论界在这方面的研究尚处于起步阶段。与现有文献不同，本章立足中国特殊的治理背景，基于双重委托代理问题探讨了外部大股东退出威胁对代理成本的作用机理，并分别在股权分置改革、股价崩盘风险和股市行情等情境下进行了拓展性分析。实证检验结果表明：第一，外部大股东退出威胁可以有效地降低企业的代理成本。外部大股东退出威胁与第一类和第二类代理成本均显著负相关，这表明退出威胁越高的企业代理成本越低。同时，采用三种控制内生性问题的方法检验之后，该结论依然成立。第二，退出威胁之所以会发挥治理作用，是因为管理层和控股股东在乎股价。在管理层或控股股东持股市值更高、控股股东有股权质押、控股股东质押股票的市值更高时，退出威胁对企业代理成本的约束作用更强。第三，在不同的情境下，外部大股东退出威胁的公司治理效应存在差异。相比未完成股权分置改革的企业而言，退出威胁对已经完成股权分置改革企业的代理成本抑制作用更大。在股价崩盘风险高的企业中，退出威胁的治理效应更显著，即退出威胁对股价崩盘风险较高企业的代理成本的抑制作用更大。相对于牛市而言，在熊市阶段退出威胁对企业的代理成本抑制作用更大。

第8章　结论与展望

8.1　主要研究结论

本书分别从企业投资、企业创新、企业财务报告质量、企业高管在职消费、企业代理成本等角度对外部大股东退出威胁在公司治理方面的作用进行了研究，并得出了如下研究结论：

第一，从企业投资的角度看。首先，外部大股东的退出威胁对企业非效率投资有显著的约束作用，在控制了内生性问题后结论依然成立。其次，外部大股东退出威胁的治理效应主要是依赖于管理层的股价敏感性。在管理层持股财富较多和控股股东股权质押较多时，外部大股东退出威胁的治理效应更显著。最后，不同类型的外部大股东退出威胁的治理效应存在差异。

第二，从企业创新的角度看。首先，外部大股东退出威胁能够有效地促进企业创新投入和产出。外部大股东退出威胁与企业创新投入和产出均显著正相关，这说明外部大股东退出威胁越高企业创新投入和产出越多。该结论在控制内生性问题之后依然稳健。其次，相对于短期逐利型外部大股东而言，长期战略型外部大股东退出威胁的治理效应更为显著。再次，外部大股东退出威胁是通过减少控股股东掏空行为来促进企业创新的。最后，外生流动性冲击可以对退出威胁与企业创新之间的关系产生显著的调节作用。

第三，从企业财务报告质量的角度看。首先，退出威胁能够发挥企业盈余管理治理的作用。退出威胁与应计盈余管理和真实盈余管理均显著负相关，即退出威胁越高时企业的盈余管理程度越低，退出威胁“治理假说”得到论证。该结论在控制内生性问题之后依然稳健。其次，退出威胁发挥盈余管理治理作用的原因在于控股股东、管理层对股价较为敏感。即当企业为卖空标的、财富股价敏感性较高或者企业重视市值管理时，退出威胁的盈余管理治理效应更为显著。

第四，从企业高管在职消费的角度看。首先，外部大股东的退出威胁会抑制管理层企业超额在职消费的增加。该结论在控制内生性问题之后依然稳健。其次，在信息环境薄弱、公司治理环境差的企业中，外部大股东对管理层超额在职消费行为的抑制作用更显著。

第五，从企业代理成本的角度看。首先，外部大股东退出威胁与第一类和第二类代理成本均显著负相关。其次，在管理层或控股股东持股市值更高、控股股东有股权质押、控股股东质押股票的市值更高时，退出威胁对企业代理成本的约束作用更强。最后，相比于未完成股权分置改革的企业而言，退出威胁对已经完成股权分置改革企业的代理成本抑制作用更大。在股价崩盘风险高的企业中，退出威胁的治理效应更显著，即退出威胁对股价崩盘风险较高企业的代理成本的抑制作用更大。相对于牛市而言，在熊市阶段退出威胁对企业代理成本的抑制作用更大。

8.2 未来研究展望

本书探讨了外部大股东退出威胁在我国公司治理中的作用，具有一定的理论价值和现实意义。退出威胁是一个较为新颖的视角，未来研究可以重点从以下五个方面开展：

第一，退出威胁的计量。由于威胁是社会心理学范畴内的概念，很难通过财务指标或者治理数据来进行有效的刻画。Dou等（2016）采用流动性和大股东竞争程度的交叉项作为退出威胁的代理变量，该方法忽视了退出威胁主体特性、股票市场环境等因素对退出威胁的影响，有必要构建一个更为全面和科学的退出威胁计量模型。

第二，细分外部大股东的类型，考察不同类型外部大股东退出威胁治理效应的差异。目前外部大股东可以分为保险公司、公募基金、私募基金、证券公司、信托公司、PE创投机构、QFII、自然人、普通企业等，由于动机、能力和影响力的不同导致这些外部大股东的退出威胁治理作用也各不相同。未来研究有必要通过对比分析的方法，寻找出退出威胁治理效应的差异。

第三，挖掘退出威胁治理效应的内在机理。采用实验经济学的方法，构建一个企业多方博弈的模拟场景，通过多次实验来捕捉退出威胁在博弈过程中的作用机理，寻找退出威胁实现公司治理的内在规律。

第四，拓展退出威胁在公司治理研究中的范畴。学者们可以考察退出威胁对大股东占款、企业违规、股价崩盘风险等的影响，勾画出一个退出威胁在公司治理中发挥作用的逻辑框架，拓展公司治理研究的理论外延，逐渐形成一个清晰完整的理论架构。

第五，考察退出威胁的经济后果，揭示资本市场对外部大股东退出威胁的反应。后续研究可以检验具有较高退出威胁的企业是否能获取较高的超额收益率，以此来判别资本市场对退出威胁公司治理作用的认可程度。

参考文献

[1] ACHARYA V V, BAGHAI R P, SUBRAMANIAN K V. Labor laws and Innovation [J]. Journal of law & economics, 2013, 56 (4): 997-1037.

[2] ADMATI A R, PFLEIDERER P. The "wall street walk" and shareholder activism: exit as a form of voice [J]. Review of financial studies, 2009, 22 (7): 2645-2685.

[3] AGHION P, REENEN J V, ZINGALES L. Innovation and institutional ownership [J]. American economic review, 2013, 103 (1): 277-304.

[4] AMIHUD Y, Illiquidity and stock returns: cross-section and time-series effects [J]. Journal of financial markets, 2002, 5 (1): 31-56.

[5] ANG J S, COLE R A, LIN J W. Agency costs and ownership structure [J]. The journal of finance, 2000, 55 (1): 81-106.

[6] ATANASSOV J. Do hostile takeovers stifle innovation? evidence from antitakeover legislation and corporate patenting [J] .Journal of finance, 2013, 68 (3): 1097-1131.

[7] ATANASSOV J, Julio B, Leng T. The bright side of political uncertainty: the case of R&D [J] .Working paper, 2015.

[8] BAKER S R, BLOOM N, DAVIS S J. Measuring economic policy uncertainty [J]. The quarterly journal of economics, 2016, 131 (4):

1593−1636.

[9] BALSAM S, BARTOV E, MARQUARDT C. Accruals management, investor sophistication, and equity valuation: evidence from 10−Q filings [J]. Journal of accounting research, 2002, 40 (4), 987−1012.

[10] BALSMEIER B, FLEMING L, MANSO G. Independent boards and innovation [J]. Journal of financial economics, 2017, 123 (3): 536−557.

[11] BEBCHUK L A, BRAV A, JIANG W.The long-term effects of hedge fund activism [J]. Working paper, 2015.

[12] BEBCHUK L A, STOLE L A.Do short-term objectives lead to under-or overinvestment in long-term projects? [J]. The journal of finance, 1993, 48 (2): 719−729.

[13] BECHT M, BOLTON P, RÖELL A. Corporate governance and control [J]. Handbook of the economics of finance, 2003, (1): 1−109.

[14] BECHT M, FRANKS J, GRANT J, et al. Returns to hedge fund activism: an international study [J]. The review of financial studies, 2017, 30 (9): 2933−2971.

[15] BELLOC F.LAW, finance and innovation: the dark side of shareholder protection [J]. Cambridge journal of economics, 2013, 37 (4): 863−888.

[16] BENLEMLIH M, BITAR M. Corporate social responsibility and investment efficiency [J]. Journal of business ethics, 2018, 148 (3): 647−671.

[17] BHARATH S T, JAYARAMAN S, NAGAR V. Exit as governance: an empirical analysis [J]. The journal of finance, 2013, 68 (6): 2515−2547.

[18] BIDDLE G C, HILARY G, VERDI R S. How does financial reporting quality relate to investment efficiency? [J]. Journal of accounting and economics, 2009, 48 (2−3): 112−131.

[19] BLOCH F, HEGE U. Multiple shareholders and control contests [J]. Working paper, 2003.

[20] BOUBAKER S, NGUYEN P, ROUATBI W. Multiple large shareholders and corporate risk-taking: evidence from french family firms [J]. European financial management, 2016, 22 (4): 697−745.

[21] BRAV A, JIANG W, PARTNOY F, et al. Hedge fund activism, corporate governance, and firm performance [J]. The journal of finance, 2008, 63 (4): 1729-1775.

[22] BRICKLEY J A, LEASE R C, SMITH C W, Ownership structure and voting on antitakeover amendments [J]. Journal of financial economics, 1988, 20 (1): 267-291.

[23] BROCHET F, LOUMIOTI M, SERAFEIM G.Speaking of the short-term: disclosure horizon and managerial myopia [J]. Review of accounting studies, 2015, 20 (3): 1-42.

[24] BROCKMAN P, YAN X S.Block ownership and firm-specific information [J]. Journal of banking & finance, 2009, 33 (2): 308-316.

[25] BROWN J R, MARTINSSON G, PETERSEN B C.Law, stock markets, and innovation [J]. Journal of finance, 2013, 68 (4): 1517-1549.

[26] CHANEY T, SRAER D, THESMAR D.The collateral channel: how real estate shocks affect corporate investment [J]. The american economic review, 2012, 102 (6): 2381-2409.

[27] CHEMMANUR T J, TIAN X.Do antitakeover provisions spur corporate innovation? a regression discontinuity analysis [J]. Journal of financial and quantitative analysis, 2018, 53 (3): 1163-1194.

[28] CHEN C, KIM J B, YAO L.Earnings smoothing: does it exacerbate or constrain stock price crash risk? [J]. Journal of corporate finance, 2017, (42): 36-54.

[29] CHEN J Z, REES L L, SIVARAMAKRISHNAN S. On the use of accounting versus real earnings management to meet earnings expectations-a market analysis [J]. Working paper, 2010.

[30] CHEN J, CHAN K C, DONG W, et al.Internal control and stock price crash risk: evidence from China [J]. European accounting review, 2017, 26 (1): 125-152.

[31] CHEN Q, CHEN X, SCHIPPER K, et al.The sensitivity of corporate cash holdings to corporate governance [J]. The review of financial studies, 2012, 25 (12): 3610-3644.

[32] CHENG M, LIN B, LU R, et al.Non-controlling large shareholders in emerging markets: evidence from China [J]. SSRN, Working paper, 2017.

[33] CORNAGGIA J, MAO Y, TIAN X, et al.Does banking competition affect innovation? [J]. Journal of financial economics, 2015, 115 (1): 189–209.

[34] DEFOND M L, JIAMBALVO J. Incidence and circumstances of accounting errors [J]. Accounting review, 1991, 66 (3), 643–655.

[35] DEL GUERCIO D, SEERY L, WOIDTKE T. Do boards pay attention when institutional investor activists "just vote no"? [J]. Journal of financial economics, 2008, 90 (1): 84–103.

[36] DENES M R, KARPOFF J M, MCWILLIAMS V B. Thirty years of shareholder activism: a survey of empirical research [J]. Journal of corporate finance, 2017, 44: 405–424.

[37] DEUTSCH M, KRAUSS R M. Studies of interpersonal bargaining [J]. Journal of conflict resolution, 1962, 6 (1): 52–76.

[38] DJANKOV S, LA PORTA R, LOPEZ-DE-SILANES F, et al.The law and economics of self-dealing [J]. Journal of financial economics, 2008, 88 (3): 430–465.

[39] DOU Y, HOPE O, THOMAS W B, et al. Blockholder exit threats and financial reporting quality [J]. Contemporary accounting research, 2018, 35 (2): 1004–1028.

[40] DOU Y, KHAN M, ZOU Y.Labor unemployment insurance and earnings management [J]. Journal of accounting and economics, 2016, 61 (1): 166–184.

[41] EDMANS A, FANG V W, ZUR E.The effect of liquidity on governance [J]. Review of financial studies.2013, 26 (6): 1443–1482.

[42] EDMANS A, HOLDERNESS C G. Blockholders: a survey of theory and evidence [J]. Handbook of the economics of corporate governance, 2017, 1 (8): 541–636.

[43] EDMANS A, MANSO G. Governance through trading and intervention: a theory of multiple blockholders [J]. Review of financial studies, 2011, 24 (7): 2395–2428.

[44] EDMANS A. Blockholder and corporate governance [J]. The annual review of financial economics, 2014, 6, 23–50.

[45] EDMANS A. Blockholder trading, market efficiency, and managerial myopia [J]. The journal of finance, 2009, 64 (6): 2481–2513.

[46] EDMANS A.Blockholders and corporate governance [J]. Annual review of financial economics, 2014, 6 (1): 23-50.

[47] FACCIO M, LANG L P. The ultimate ownership of western european corporations [J]. Journal of financial economics, 2002, 65 (3): 365-395.

[48] FAHLENBRACH R, LOW A, STULZ R M. Do independent director departures predict future bad events? [J]. The review of financial studies, 2017, 30 (7): 2313-2358.

[49] FAMA E F, JENSEN M C. Separation of ownership and control [J]. The journal of law & economics, 1983, 26 (2), 301-325.

[50] FANG V W, HUANG A H, KARPOFF J M. Short selling and earnings management: a controlled experiment [J]. The journal of finance, 2016, 71 (3): 1251-1294.

[51] FANG V W, TIAN X, TICE S. Does stock liquidity enhance or impede firm innovation? [J]. The journal of finance, 2014, 69 (5): 2085-2125.

[52] FOS V, KAHN C. Governance through threats of intervention and exit [J]. Working paper, 2016.

[53] FRANCIS J R, WANG D.The joint effect of investor protection and big 4 audits on earnings quality around the world [J]. Contemporary accounting research, 2008, 25 (1): 157-191.

[54] GALASSO A, SIMCOE T. CEO overconfidence and innovation [J]. Management science, 2011, 57 (8): 1469-1484.

[55] GANTCHEV N. The costs of shareholder activism: evidence from a sequential decision model [J]. Journal of financial economics, 2013, 107 (3): 610-631.

[56] GERKEN W C.Blockholder ownership and corporate control: the role of liquidity [J]. The quarterly journal of finance, 2014, 4 (01): 1-36.

[57] GILLAN S L, STARKS L T. Corporate governance proposals and shareholder activism: the role of institutional investors [J]. Journal of financial economics, 2000, 57 (2): 275-305.

[58] GLADSTEIN D L, REILLY N P.Group decision making under threat: the tycoon game [J]. Academy of management journal, 1985, 28 (3): 613-627.

[59] GOMES A, NOVAES W. Sharing of control versus monitoring as corporate governance mechanisms [J]. Working paper, 2006.

[60] GONZÁLEZ - URIBE J, GROEN - XU M. CEO contract horizon and innovation [J]. SSRN, Working paper, 2017.

[61] GOODMAN T H, NEAMTIU M, SHROFF N, et al. Management forecast quality and capital investment decisions [J]. The accounting review, 2013, 89 (1): 331-365.

[62] GOPALAN R.Large shareholder trading and takeovers: the disciplinary role of voting with your feet [J]. Working paper, 2005.

[63] GORANOVA M, RYAN L V.Shareholder activism: a multidisciplinary review [J]. Journal of management, 2014, 40 (5): 1230-1268.

[64] GROSSMAN S J, HART O D.Takeover bids, the free-rider problem, and the theory of the corporation [J]. The bell journal of economics, 1980: 42-64.

[65] GUL F A, KIM J B, QIU A A. Ownership concentration, foreign shareholding, audit quality, and stock price synchronicity: evidence from China [J]. Journal of financial economics, 2010, 95 (3): 425-442.

[66] GUSTAVO M.Motivating innovation [J]. The journal of finance, 2011, 66 (5): 1823-1860.

[67] GUTIÉRREZ L H, POMBO C. Corporate ownership and control contestability in emerging markets: the case of colombia [J]. Journal of economics & business, 2009, 61 (2): 112-139.

[68] GUYER M, RAPOPORT A.Threat in a two-person game [J]. Journal of experimental social psychology, 1970, 6 (1): 11-25.

[69] HADANI M, GORANOVA M, KHAN R. Institutional investors, shareholder activism, and earnings management [J]. Journal of business research, 2011, 64 (12): 1352-1360.

[70] HE J, TIAN X. Do short sellers exacerbate or mitigate managerial myopia? evidence from patenting activities [J]. Working paper, 2016.

[71] HELWEGE J, INTINTOLI V J, ZHANG A. Voting with their feet or activism? institutional investors' impact on CEO turnover [J]. Journal of corporate finance, 2012, 18 (1): 22-37.

[72] Hill C W L, Snell S A. External control, corporate strategy, and firm

performance in research intensive industries [J] . Strategic management journal, 1988, 9 (6): 577-590.

[73] HOLDERNESS C G. The myth of diffuse ownership in the united states [J]. Review of financial studies, 2009, 22 (4): 1377-1408.

[74] HOPE O K, WU H, ZHAO W. Blockholder exit threats in the presence of private benefits of control [J]. Review of accounting studies, 2017, 22 (2): 873-902.

[75] HSU D H, ZIEDONIS R H. Resources as dual sources of advantage: implications for valuing entrepreneurial firm patents [J] . Strategic management journal, 2013, 34 (7): 761-781.

[76] HUANG Y, LUK P. Measuring economic policy uncertainty in China [J]. SSRN, Working paper, 2018.

[77] ILIEV P, LINS K V, MILLER D P, ROTH L. Shareholder voting and corporate governance around the world [J] . Review of financial studies, 2015, 28 (8): 2167-2202.

[78] JASKIEWICZ P, BLOCK J H, COMBS J G, MILLER D. The effects of founder and family ownership on hired CEOs' incentives and firm performance [J] . Entrepreneurship theory and practice, 2017, 41 (1): 73-103.

[79] JENSEN M C. Agency costs of free cash flow, corporate finance, and takeovers [J] . The American economic review, 1986, 76 (2) : 323-329.

[80] JIANG F, CAI W, WANG X. Multiple large shareholders and corporate investment: evidence from China [J]. Journal of corporate finance, 2018, 50: 66-83.

[81] JIANG G, LEE C M C, YUE H. Tunneling through intercorporate loans: the China experience [J]. Journal of financial economics, 2010, 98 (1): 1-20.

[82] JIANG G, RAO P, YUE H. Tunneling through non - operational fund occupancy: an investigation based on officially identified activities [J]. Journal of corporate finance, 2015 (32): 295-311.

[83] JOHNSON S, LA-PORTA R, LOPEZ-DE-SILANES F, et al. Tunneling [J]. American economic review, 2000, 90 (2): 22-27.

[84] KANG J, LIU W, LOW A, et al. Friendly boards and innovation [J].

Journal of empirical finance，2018，45：1-25.

[85] KARPOFF J M，LOU X.Short sellers and financial misconduct [J]. The journal of finance，2010，65 (5)：1879-1913.

[86] KIM Y，LI H，LI S.Corporate social responsibility and stock price crash risk [J]. Journal of banking & finance，2014，(43)：1-13.

[87] KOH P.Institutional investor type，earnings management and benchmark beaters [J]. Journal of accounting and public policy，2007，26 (3)，267-299.

[88] LAEVEN L，LEVINE R. Complex ownership structures and corporate valuations [J]. Review of financial studies，2008，21 (2)，579-604.

[89] LAEVEN L，LEVINE R. Is there a diversification discount in financial conglomerates? [J]. Journal of financial economics，2007，85 (2)：331-367.

[90] LARA J M G，OSMA B G，PENALVA F.Accounting conservatism and firm investment efficiency [J]. Journal of accounting and economics，2016，61 (1)：221-238.

[91] LEUZ C，NANDA D，WYSOCKI P D.Earnings management and investor protection：an international comparison [J]. Journal of financial economics，2003，69 (3)，505-527.

[92] LI K，WANG T，CHEUNG Y L.Privatization and risk sharing：evidence from the split share structure reform in China [J]. The review of financial studies，2011，24 (7)：2499-2525.

[93] LI Y，ZHANG L. Short selling pressure，stock price behavior，and management forecast precision：evidence from a natural experiment [J]. Journal of accounting research，2015，53 (1)：79-117.

[94] LIU Q，LUO T，TIAN G G.Family control and corporate cash holdings：evidence from china [J]. Journal of corporate finance，2015，(31)：220-245.

[95] LOUIS H，SUN A X，URCAN O.Value of cash holdings and accounting conservatism [J]. Contemporary accounting research，2012，29 (4)：1249-1271.

[96] LU P，YOUNG W，HSIEH M S. The impacts of overinvestment and financial constraints on seasoned equity offering long-run performance [J]. International journal of economics and financial issues，2017，

7 (5): 216-224.

[97] MALMENDIER U, TATE G. CEO overconfidence and corporate investment [J]. The journal of finance, 2005, 60 (6): 2661-2700.

[98] MASSA M, ZHANG B, ZHANG H. The invisible hand of short selling: does short selling discipline earnings management? [J]. The review of financial studies, 2015, 28 (6): 1701-1736.

[99] MAUG E. Large shareholders as monitors: is there a trade-off between liquidity and control? [J]. The journal of finance, 1998, 53 (1): 65-98.

[100] MCCAHERY J A, SAUTNER Z, STARKS L T. Behind the scenes: the corporate governance preferences of institutional investors [J]. The journal of finance, 2016, 71 (6): 2905-2932.

[101] MORGADO A, PINDADO J. The underinvestment and overinvestment hypotheses: an analysis using panel data [J]. European financial management, 2003, 9 (2): 163-177.

[102] MYERS S C, RAJAN R G. The paradox of liquidity [J]. The quarterly journal of economics, 1998, 113 (3): 733-771.

[103] NÆS R, SKJELTORP J A, ØDEGAARD B A. Stock market liquidity and the business cycle [J]. The journal of finance, 2011, 66 (1): 139-176.

[104] OFFICER M S. Overinvestment, corporate governance, and dividend initiations [J]. Journal of corporate finance, 2011, 17 (3): 710-724.

[105] PAGAN A R, SOSSOUNOV K A. A simple framework for analyzing bull and bear markets [J]. Journal of applied econometrics, 2003, 18 (1): 23-46.

[106] PAGANO M, RÖELL A. The choice of stock ownership structure: agency costs, monitoring, and the decision to go public [J]. The quarterly journal of economics, 1998, 113 (1): 187-225.

[107] PALMITER A R. Mutual fund voting of portfolio shares: why not disclose [J]. Cardozo law review, 2001, (23): 1419-1491.

[108] PARRINO R, SIAS R W, STARKS L T. Voting with their feet: institutional ownership changes around forced CEO turnover [J]. Journal of financial economics, 2003, 68 (1): 3-46.

[109] POUND J. Proxy contests and the efficiency of shareholder oversight

[J]. Journal of financial economics, 1988, (20): 237-265.

[110] QIAN M, YEUNG B Y. Bank financing and corporate governance [J]. Journal of corporate finance, 2015, (32): 258-270.

[111] RENNEBOOG L, SZILAGYI P G. The role of shareholder proposals in corporate governance [J]. Journal of corporate finance, 2011, 17 (1): 167-188.

[112] RICHARDSON S. Over-investment of free cash flow [J]. Review of accounting studies, 2006, 11 (2-3): 159-189.

[113] Roychowdhury S S. Earnings management through real activities manipulation [J]. Journal of accounting and economics, 2006, 42 (3): 355-370.

[114] SAFFI P A C, SIGURDSSON K. Price efficiency and short selling [J]. The review of financial studies, 2010, 24 (3): 821-852.

[115] SCHIPPER K. Commentary on earnings management [J]. Accounting horizons, 1989, 3 (4): 91-102.

[116] SHLEIFER A, VISHNY R W. A survey of corporate governance [J]. The journal of finance, 1997, 52 (2): 737-783.

[117] SHLEIFER A, VISHNY R W. Large shareholders and corporate control [J]. Journal of political economy, 1986, 94 (3): 461-488.

[118] SHOMER R W, DAVIS A H, KELLEY H H. Threats and the development of coordination: further studies of the deutsch and krauss trucking game [J]. Journal of personality and social psychology, 1966, 4 (2): 119-126.

[119] SUN Y, IBIKUNLE G. Informed trading and the price impact of block trades: a high frequency trading analysis [J]. International review of financial analysis, 2017, 54: 114-129.

[120] SUN Z, WANG Y. Does ownership structure matter? evidence from firms' excess cash in China [J]. The european journal of finance, 2016, 22 (4-6): 463-483.

[121] SUNDER J, SUNDER S V, ZHANG J. Pilot CEOs and corporate innovation [J]. Journal of financial economics, 2017, 123 (1): 209-224.

[122] TEECE D J. Firm organization, industrial structure, and technological innovation [J]. Journal of economic behavior & organization, 1996,

31（2）：193-224.

[123] TITMAN S，WEI K C J，XIE F. Capital investments and stock returns [J]. Journal of financial and quantitative analysis，2004，39（4）：677-700.

[124] TRIBO J A，BERRONE P，SURROCA J. Do the type and number of blockholders influence R & D investments? new evidence from Spain [J]. Corporate governance：an international review，2007，15（5）：828-842.

[125] WANG J. Innovation and government intervention：a comparison of singapore and Hong Kong [J]. Research policy，2018，47（2）：399-412.

[126] WOIDTKE T. Agents watching agents?：evidence from pension fund ownership and firm value [J]. Journal of financial economics，2002，63（1）：99-131.

[127] ZHONG K，GRIBBIN D W，ZHENG X. The effect of monitoring by outside blockholders on earnings management [J]. Quarterly journal of business and economics，2007：37-60.

[128] 陈德球，金雅玲，董志勇. 政策不确定性、政治关联与企业创新效率 [J]. 南开管理评论，2016，19（4）：27-35.

[129] 陈冬华，梁上坤，蒋德权. 不同市场化进程下高管激励契约的成本与选择：货币薪酬与在职消费 [J]. 会计研究，2010（11）：56-64.

[130] 陈克兢. 非控股大股东退出威胁能降低企业代理成本吗 [J]. 南开管理评论，2019，22（4）：161-175.

[131] 陈克兢. 退出威胁与公司治理——基于盈余管理的视角 [J]. 财经研究，2018，44（11）：18-32.

[132] 陈信元，黄俊. 股权分置改革、股权层级与企业绩效 [J]. 会计研究，2016（1）：56-62.

[133] 陈怡欣，张俊瑞，汪方军. 卖空机制对上市公司创新的影响研究——基于我国融资融券制度的自然实验 [J]. 南开管理评论，2018，21（2）：62-74.

[134] 程小可，郑立东，姚立杰. 内部控制能否抑制真实活动盈余管理？——兼与应计盈余管理之比较 [J]. 中国软科学，2013（3）：120-131.

[135] 褚剑，方军雄. 中国式融资融券制度安排与股价崩盘风险的恶化 [J]. 经济研究，2016（5）：143-158.

［136］ 戴亦一，肖金利，潘越．“乡音”能否降低公司代理成本？——基于方言视角的研究［J］．经济研究，2016（12）：147-160.

［137］ 窦欢，张会丽，陆正飞．企业集团、大股东监督与过度投资［J］．管理世界，2014（7）：134-143.

［138］ 樊纲，王小鲁，余静文．中国分省份市场化指数报告［M］．北京：社会科学文献出版社，2017：15-36.

［139］ 樊纲，王小鲁，朱恒鹏．中国市场化指数：各地区市场化相对进程2009年报告［M］．北京：经济科学出版社，2010：20-43.

［140］ 傅勇，谭松涛．股权分置改革中的机构合谋与内幕交易［J］．金融研究，2008（3）：88-102.

［141］ 古志辉．全球化情境中的儒家伦理与代理成本［J］．管理世界，2015（3）：113-123.

［142］ 顾琪，陆蓉．金融市场的“劣汰”机制——基于卖空机制与盈余管理的研究［J］．财贸经济，2016（5）：60-75.

［143］ 顾夏铭，陈勇民，潘士远．经济政策不确定性与创新——基于我国上市公司的实证分析［J］．经济研究，2018（2）：109-123.

［144］ 郝威亚，魏玮，温军．经济政策不确定性如何影响企业创新？——实物期权理论作用机制的视角［J］．经济管理，2016，38（10）：40-54.

［145］ 郝项超，梁琪，李政．融资融券与企业创新：基于数量与质量视角的分析［J］．经济研究，2018（6）：127-141.

［146］ 何威风．高管团队垂直对特征与企业盈余管理行为研究［J］．南开管理评论，2015，18（1）：141-151.

［147］ 胡诗阳，陆正飞．非执行董事对过度投资的抑制作用研究——来自中国A股上市公司的经验证据［J］．会计研究，2015（11）：41-48.

［148］ 胡元木，纪端．董事技术专长、创新效率与企业绩效［J］．南开管理评论，2017，20（3）：40-52.

［149］ 江轩宇，申丹琳，李颖．会计信息可比性影响企业创新吗［J］．南开管理评论，2017，20（4）：82-92.

［150］ 姜付秀，蔡欣妮，朱冰．多个大股东与股价崩盘风险［J］．会计研究，2018（1）：68-74.

［151］ 姜付秀，马云飙，王运通．退出威胁能抑制控股股东私利行为吗？［J］．管理世界，2015（5）：147-159.

［152］ 姜付秀，石贝贝，马云飙．信息发布者的财务经历与企业融资约束［J］．经济研究，2016（6）：83-97.

[153] 姜付秀，王运通，田园，等. 多个大股东与企业融资约束——基于文本分析的经验证据 [J]. 管理世界，2017 (12)：61-74.

[154] 姜付秀，朱冰，唐凝. CEO和CFO任期交错是否可以降低盈余管理? [J]. 管理世界，2013 (1)：158-167.

[155] 姜国华，岳衡. 大股东占用上市公司资金与上市公司股票回报率关系的研究 [J]. 管理世界，2005 (9)：119-126.

[156] 姜军，申丹琳，江轩宇，等. 债权人保护与企业创新 [J]. 金融研究，2017 (11)：128-142.

[157] 解维敏，方红星. 金融发展、融资约束与企业研发投入 [J]. 金融研究，2011 (5)：171-183.

[158] 孔东民，王江元. 机构投资者信息竞争与股价崩盘风险 [J]. 南开管理评论，2016，19 (5)：127-138.

[159] 孔东民，徐茗丽，孔高文. 企业内部薪酬差距与创新 [J]. 经济研究，2017 (10)：144-157.

[160] 李青原，刘惠，王红建. 机构投资者持股、异质性与股价延迟度研究 [J]. 证券市场导报，2013 (10)：24-32.

[161] 李姝，翟士运，古朴. 非控股股东参与决策的积极性与企业技术创新 [J]. 中国工业经济，2018 (7)：155-173.

[162] 李增福，周婷. 规模、控制人性质与盈余管理 [J]. 南开管理评论，2013，16 (6)：81-94.

[163] 李增泉. 关系型交易的会计治理——关于中国会计研究国际化的范式探析 [J]. 财经研究，2017 (2)：4-33.

[164] 李志生，陈晨，林秉旋. 卖空机制提高了中国股票市场的定价效率吗? ——基于自然实验的证据 [J]. 经济研究，2015 (4)：165-177.

[165] 刘行，梁娟，建蕾. 实际控制人的境外居留权会使民营企业更多避税吗? [J]. 财经研究，2016，42 (9)：133-144.

[166] 陆蓉，徐龙炳."牛市"和"熊市"对信息的不平衡性反应研究 [J]. 经济研究，2004 (3)：65-72.

[167] 罗进辉. 媒体报道的公司治理作用——双重代理成本视角 [J]. 金融研究，2012 (10)：153-166.

[168] 潘越，戴亦一，魏诗琪. 机构投资者与上市公司"合谋"了吗：基于高管非自愿变更与继任选择事件的分析 [J]. 南开管理评论，2011，14 (2)：69-81.

[169] 权小锋，尹洪英. 中国式卖空机制与公司创新——基于融资融券分步扩容

的自然实验 [J]. 管理世界，2017 (1): 128-144.

[170] 梯若尔. 公司金融理论 [M]. 王永钦，译.北京：中国人民大学出版社，2014.

[171] 饶品贵，岳衡，姜国华. 经济政策不确定性与企业投资行为研究 [J]. 世界经济，2017，40 (2): 27-51.

[172] 石晓军，王骜然. 独特公司治理机制对企业创新的影响——来自互联网公司双层股权制的全球证据 [J]. 经济研究，2017 (1): 149-164.

[173] 宋建波，文雯. 董事的海外背景能促进企业创新吗? [J]. 中国软科学，2016 (11): 109-120.

[174] 唐松，吴秋君，温德尔，等. 卖空机制、股价信息含量与暴跌风险——基于融资融券交易的经验证据 [J]. 财经研究，2016，42 (8): 74-84.

[175] 汪昌云，孙艳梅，郑志刚，等. 股权分置改革是否改善了上市公司治理机制的有效性 [J]. 金融研究，2010 (12): 131-145.

[176] 王化成，曹丰，叶康涛. 监督还是掏空：大股东持股比例与股价崩盘风险 [J]. 管理世界，2015 (2): 45-57.

[177] 王克敏，刘静，李晓溪. 产业政策、政府支持与公司投资效率研究 [J]. 管理世界，2017 (3): 113-124.

[178] 王明琳，徐萌娜，王河森. 利他行为能够降低代理成本吗? ——基于家族企业中亲缘利他行为的实证研究 [J]. 经济研究，2014 (3): 144-157.

[179] 王运通，姜付秀. 多个大股东能否降低公司债务融资成本 [J]. 世界经济，2017 (10): 119-143.

[180] 吴超鹏，唐菂. 知识产权保护执法力度、技术创新与企业绩效——来自中国上市公司的证据 [J]. 经济研究，2016 (11): 125-139.

[181] 吴战篪，吴伟立. 大股东减持伤害了实体经济吗 [J]. 南开管理评论，2018，21 (1): 99-108.

[182] 谢德仁，黄亮华. 代理成本、机构投资者监督与独立董事津贴 [J]. 财经研究，2013 (2): 92-102.

[183] 谢德仁，郑登津，崔宸瑜. 控股股东股权质押是潜在的“地雷”吗? ——基于股价崩盘风险视角的研究 [J]. 管理世界，2016 (5): 128-140.

[184] 许年行，江轩宇，伊志宏，等. 分析师利益冲突、乐观偏差与股价崩盘风险 [J]. 经济研究，2012 (7): 127-140.

[185] 杨德明，林斌，王彦超. 内部控制、审计质量与代理成本 [J]. 财经研究，2009，35 (12): 40-49.

[186] 于传荣，方军雄，杨棉之. 上市公司高管因股价崩盘风险受到惩罚了吗?

[J]. 经济管理，2017，39（12）：136-156.
[187] 余明桂，范蕊，钟慧洁. 中国产业政策与企业技术创新［J］. 中国工业经济，2016（12）：5-22.
[188] 余明桂，钟慧洁，范蕊. 业绩考核制度可以促进央企创新吗？［J］. 经济研究，2016（12）：104-117.
[189] 张峰，杨建君. 股东积极主义视角下大股东参与行为对企业创新绩效的影响——风险承担的中介作用［J］. 南开管理评论，2016，19（4）：4-12.
[190] 张高擎，廉鹏. 可转债融资与机构投资者侵占行为——基于华菱管线可转债案例研究［J］. 管理世界，2009，（S1）：110-120.
[191] 张学勇，廖理. 股权分置改革、自愿性信息披露与公司治理［J］. 经济研究，2010（4）：28-39.
[192] 祝继高，叶康涛，陆正飞. 谁是更积极的监督者：非控股股东董事还是独立董事？［J］. 经济研究，2015（9）：170-184.
[193] 左晶晶，唐跃军，眭悦. 第二类代理问题、大股东制衡与公司创新投资［J］. 财经研究，2013（4）：38-47.

索引